マジパン

5cmの舞台のウィーンの物語

Marzipan

Geschichten aus Wien auf der 5cm Bühne

髙山 厚子
Atsuko Takayama

撮影　中島 劭一郎
Shoichiro Nakajima

旭屋出版

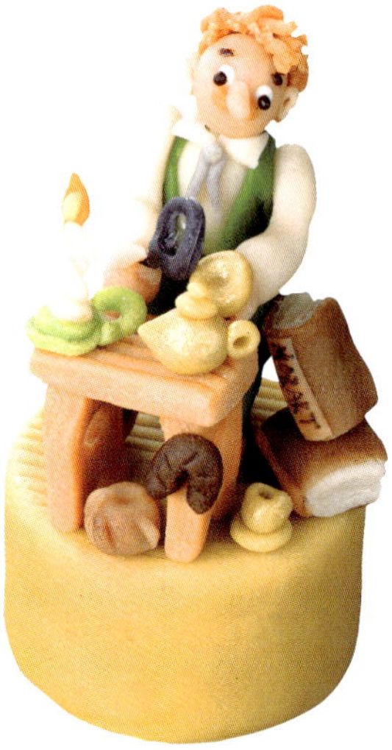

マジパンに魅せられて

私が最初にマジパンに出会ったのは、もう20年以上も前になります。当時はウィーンの音楽大学の学生でしたが、洋菓子を習っていたことから、ウィーン菓子にも興味をもち、ウィーン・ガストロノーミッシェス・インスティテュートという料理・製菓学校で短期間の個人レッスンを受けることになりました。

ウィーンでは、マジパン細工やマジパンをのせたお菓子を販売している洋菓子店が多いため、パティシエもマジパンの基本技術は必須。製菓学校でも実技講習があり、そこで初めてマジパン作りを体験することになったのです。

今でもはっきり覚えている最初の作品は、赤く小さなバラの花。アーモンドの粉と粉糖を混ぜただけの生地で、こんなにも美しく繊細な表現ができるのかと深く感動し、それがマジパンに関心をもつ最初のきっかけになった気がします。

マジパンの世界へと進む大きな転機がおとずれたのは、その数年後のこと。帰国後、ウィーン菓子を教えながらマジパン作りを続けていた私は、ある日たまたま読んでいたドイツの雑誌で、ドイツ人パティシエ、カール・シルマン先生の作品と出会います。

魂が吹き込まれたかのように生き生きとした表情と、美しく洗練された色使い。芸術性と完成度の高い先生のマジパン作品に、私は一目で魅了されてしまいました。「ぜひ会ってできればマジパン作りを直接学びたい」、そんな熱い思いが伝わったのか、その出版社に手紙を書くとスイス・バーゼルに住んでいた先生から返事をもらい、なんと本当に先生から直接教えてもらえることになったのです。

当時すでに70歳をこえていたシルマン先生は、突然日本からやってきた私に、実に多くのことを教えてくれました。

例えば、基本の動物の作り方がマスターできれば、基礎的なパーツ作りが身に付き、作品のバリエーションが増やせること。また、マジパンはあくまでお菓子の上にのせる食べ物として、見た人が〝おいしそう〞と思えるきれいな色使いでなくてはいけないこと。

２カ月程の短い間でしたが、私に大きな影響を与えるかけがえのない経験となり、先生から学んだことは全て、現在の私の作品のベースとなっています。

5センチの舞台ならではの魅力が

私が直径5cmの台にのせる作品を作ることになったのは、４年前の個展がきっかけです。ウィーンの情景を再現した作品を、ギャラリーの限られたスペースに少しでも多く置くために、個々のサイズを小さくすることにしました。とは言え、市販されている直径7cmの台にのせるだけではつまらないので、さらに小さい直径5cmの台を特注し、その大きさに合わせ作品を作ることにしたのです。

実はこのアイデアも、シルマン先生の作品から発想したもの。直径３～４㎝のコイン型チョコレートに、キャンドルなどの小さいマジパンをのせて食卓の飾りにしていたのを思い出し、他の人には真似できない小さいサイズにして新鮮味を出そうと考えたのです。

原寸です

実際に作り始めてみると、5 cm 以内のスペースで物語を表現するのは難しく、細かい作業に悪戦苦闘しましたが、それでもなんとか完成。ウィーンの人々と暮らしぶりを直径 5 cm の舞台で表現するという現在のスタイルは、この時確立することができたのです。

5cm の舞台ならではの魅力と言えば、やはり見た目のかわいらしさでしょうか。ドイツやオーストリアはホールケーキの直径が日本より大きいので、マジパン細工も少し大きく、それに比べると直径 5 cm に収まる作品はかなり小さいと言えます。日本人は小さく繊細な作品を好む傾向があるので、最初の個展から関心を示してくれる人が多かったことが、現在の作品作りの原動力となっています。

小さい作品ですけれど、私は、たとえば、腕を曲げたところの服のしわも表現したりします。こうしたリアルなところを目ざとく見つけて喜んでくれる人も多く、私の教室にマジパン細工を習いに来ている人も、細かい表現に夢中になる人が少なくありません。

また、ひとつひとつは小さいですが、2 ページのオーケストラのように複数の作品を組み合わせて、大きな作品にできる面白さもあります。22 ページのように5cm の舞台を並べて、絵本のように物語を綴ることもできます。

マジパンは見て楽しむ要素が大きいので、私の作品のように小さいと持ち運びしやすく、沢山の人達に見て楽しんでもらえる機会も多くなります。プラスチック製の透明カバーをかければ、移動する時も安全 (作品の高さが低いので形が崩れにくい) です。カバーにリボンをかければそのままプレゼントにも！

最近はマジパン専用の抜き型も使われ、技術のある職人を雇えない店も増えたため、オーストリアやスイスでもマジパン作りの伝統が失われつつあると聞きます。このすばらしいヨーロッパ菓子の伝統が絶えないように、私もマジパンの魅力を伝え続けていきたいと考えています。

CONTENTS

イースターはウィーンの人にとって大事な行事

イースターのシンボル

新しい生命が宿り生まれる卵は復活と誕生の象徴とされ、イースター(復活祭)のシンボル。そして、キリストが最も愛した動物と言われるのが羊です。イースターシーズンには、こうした動物達をモチーフにした様々なお菓子が洋菓子店のショーウインドーを飾ります。

イースターの主役たち

「鼻に黄色い絵の具がついているよ」 友達に言われながらもご機嫌な坊や。イースターエッグ作りは子ども達のお楽しみ。オーストリアでは、子どもが初めて作ったイースターエッグを成人するまでとっておく家庭もあるそうです。

「この位のね！」

春一番につぼみをつける猫柳は、春の祭典でもあるイースターを飾る代表的なもの。イースターエッグも猫柳につるして飾るのが習わしです。「このくらいね！」と少年は両手を広げ、花屋の店員にお母さんに頼まれた猫柳の長さを伝えているところ。大人も子どももイースターの準備に大忙し。

市場もイースターカラーに

イースターが近づくと街のあちらこちらに立つイースターマーケット。美しいデザインを施したイースターエッグを売る店はいちだんと華やかで目を引きます。他にもパンやイースターグッズ、花を売る店などと、沢山のウィーンの人達と観光客で大賑わい。

ミモザ売りの少女

繁栄を表す黄色はイースターのシンボルカラー。猫柳と同様、黄色いミモザもイースターを飾る花です。イースターマーケットの中には店を構えずこうしてひとり立ち、ミモザや菓子、お茶などを売る人も。なんとなく気になって、私も何度かミモザを買ったことがあります。

春の声

卵、生まれたばかりの赤ちゃん鳥、ちょっと大きくなったひよこ、お母さん鳥。家族が増えてお母さんも嬉しい悲鳴。卵はヒナがかえることから、生命の誕生を象徴すると言い伝えられています。イースターカラーの黄色で明るくかわいらしく。

「Frohe Ostern　フローエ オースタン　復活祭おめでとう」

オーストリアの家庭では、うさぎが持ってきたかのように、卵を花壇や植え込みに隠し、それを子どもたちに探させる風習があります。また、子うさぎが野原をかけまわると、その年は豊作だという言い伝えも。

大人も楽しいクリスマス

楽しいクリスマス市

ウィーン市内のあちらこちらに立つクリスマスマーケットは冬の風物詩。スパイス入りの焼き菓子レープクーヘン、ブレッツェル、キャンドルなどを売る店が並び、買物客でごった返します。泣いておねだりする子どもや、雪の中プンシュと呼ばれるホットカクテルを飲んで体を温める人、中にはほろ酔い気分になって歌い出す人達も！

くるみ割り人形

クリスマスシーズンに入ると、ウィーン国立歌劇場では頻繁にバレエ「くるみ割り人形」が上演されます。これはその物語のワンシーン。ねずみの王様が現れ、くるみ割り人形を抱えて困っている主人公のクララ。演出・衣装・音楽も美しいこのバレエが私は大好き。もちろんウィーンの人達も同じです。

ごめんなさい、いい子になります

12月6日は子どもの守護神、聖ニコラウスの日。当日、良い子のところには聖ニコラウスが訪れてオレンジや胡桃をくれますが、悪い子のところには怖い鬼のようなクランポスがきて小枝で叩く、という言い伝えがあります。この聖ニコラウスがサンタクロースの始まりという説も。

クリスマスマーケット

クリスマスマーケットには小さい素朴な木造りの店が立ち並び、夜になると裸電球の黄色い光が灯って幻想的な雰囲気に包まれます。必ず登場するのがブレッツェルの店。ブレッツェルは 100 ～ 200 円と手頃でおいしく、ドイツ語圏では普段からよく食べられている定番の味。

もうすぐクリスマス

サンタクロースに手紙を書く子、お母さんが作ったクリスマスクッキーをつまみ食いする子、プレゼントを開けて喜ぶ子。クリスマスを待ちわびる子ども達の風景。オーストリアではツリーに本物のキャンドルを飾ることも。電気を消してその炎を見ていると、とても敬虔な気持ちになったことを覚えています。

森のきよしこの夜

サンタクロースが指揮をとり、森の動物達が静かに「きよしこの夜」を合唱するクリスマスの夜。そんな想像の世界をマジパンで再現してみました。動物達はやさしい色合いでまとめ、2段に重ねたフルーツケーキをステージにしてデコレーション。

ヘクセンハウス

グリム童話「ヘンゼルとグレーテル」に出てくるお菓子の家のことを、ドイツ語でヘクセンハウスと言います。オーストリアでは、親子でこのヘクセンハウスを作るのもクリスマスのイベントのひとつ。シナモン、カルダモンなどを加えたレープクーヘンというスパイス入り焼き菓子で組み立て、アイシングなどでかわいらしく飾りつけます。

わくわくするプレゼント

ドイツ語でクリスマス・リースを「アドベンツ・クランツ」と言います。４本のキャンドルを立て、４週間前の日曜日には１本、３週間前の日曜日には２本というように火を灯し、24日のイヴには４本全てに火をつけてクリスマスを祝うのが習わし。イヴの翌朝、子どもにとって何よりうれしいのはやっぱりクリスマスプレゼント。開ける瞬間は笑顔がはじけます。

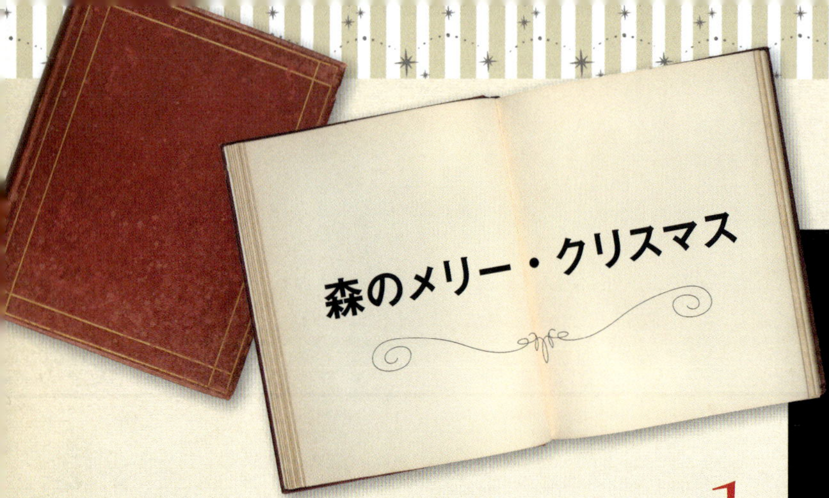

森のメリー・クリスマス

1

僕はサンタの国に住むちびサンタ。隣にいるのがパパサンタ。そう、皆がサンタクロースってよんでいるね。明日はクリスマス。パパサンタは大忙し。
「ねえ。僕も一緒に連れて行ってよ」
「ダメダメ、見習いサンタの試験に受かってからだよ。おとなしく留守番をしていなさい」
サンタの世界も修業が大変のようですね。

2

「よーし、そーっとソリの中にもぐり込もう」
ソリは大空高く舞い上がり、満天の星空を、まるで流れ星のように駆け巡ります。
「ワーイ、高いなー。お星様こんばんは」
大はしゃぎのちびサンタ。…と、その時森の中から泣き声が聞こえてきました。
「あれ、オオカミ君が泣いている。よーし、行ってみよう」

3

ソリから飛び降りるとオオカミに尋ねました。
「ねえ、クリスマスだというのに何を泣いているの？」
「皆が僕のことを怖がって、クリスマス会に入れてもらえないんだ。ねえ、君は僕が怖くないの？」

4

「ぜんぜん。だって君はとても優しい子だもの。そうだ！」
そう言うと、ちびサンタは笛を取り出し吹き始めました。お星様も聞き惚れるほどとてもきれいな音色です。

5

「オオカミ君、これは君の心の声なんだ。ほら、皆も集まって来たよ」
今までオオカミを怖がっていた森の仲間達が、笛の音に合わせてオオカミと一緒に歌い始めました。オオカミは嬉しくて仕方ありません。と、その時仕事を終えたパパサンタが怖い顔をしてこちらにやってくるではありませんか。

6

「こら、ちびサンタ。お前はこんな所で何をしているんだ！」
パパサンタのけんまくに、皆もびっくり。
「パパサンタ、どうかちびサンタを叱らないでください。彼のおかげで今までひとりぼっちだった僕にこんなに沢山の友達が出来ました。世界で一番のクリスマスプレゼントです」
と、オオカミ君が言いました。
「なるほど、今回はオオカミ君に免じて許してあげよう」
良かったね、ちびサンタ。そうして皆で楽しくクリスマスのお祝いをしました。

7

「さあ、そろそろサンタランドにもどらなくては。皆いつまでも仲良く、そしてこの森を守っておくれ」
「オオカミ君、また来年会おうね」
「試験に合格したらでしょ？」
これには皆も大笑い。
「皆またね。メリー・クリスマス」
こうしてちびサンタとパパサンタを乗せたソリは、笛の音と共にサンタランドへと帰って行きました。

ウィーンっ子たちが
華麗に踊る舞踏会

バル（舞踏会）

世界的に知られるウィーンの舞踏会は、ファッシング(謝肉祭)と呼ばれるお祭りの期間、主に1～2月にシーズンを迎えます。有名なウィーン国立歌劇場で開かれるオペラ座舞踏会、歴史あるコーヒー協会の舞踏会の他、何百もの舞踏会がホテルなどで開かれ、チケットを購入すれば誰でも入れるものも。私も王宮の舞踏会に一度行きましたが、本場の空気とそのきらびやかさには圧倒されました。ウィーンの人達は皆こうして楽しいひと時を過ごしながら、春の訪れを待ちわびるのです。

アインツ、ツヴァイ、ドライ（1.2.3）

舞踏会はバリエーションに富んでいて、中にはペンショニスト（年金受給者）たちのものも。「ぜひ1曲ご一緒に」といった感じで、さりげなく踊りに誘うおじいさんと、ちょっと恥ずかしそうなおばあさんの微笑ましいカップル。高齢者を大切にするオーストリアならではの光景かもしれません。

弁護士の舞踏会

専門職の人達の舞踏会も多く、医師や弁護士といったエグゼクティブが主催するものも。正装した貫禄たっぷりの弁護士が、ちょっと気取った上品なマダムをエスコート。

待ちに待ったねぇ、この日。

舞踏会のドレスコードは、エレガントなイブニングドレスやタキシードだけではありません。ドレスコードが民族衣装の舞踏会では、女性はディアンドルというかわいいジャンパースカートのような服を、男性はレーダーホーゼンという祭儀用のグリーンの衣装を身につけて踊ります。

幻想的な空気に包まれる
謝肉祭《ファッシング》

ファッシング（カーニバル）

猫の仮装をして楽しそうに歩く仲よし兄弟。ファッシング（謝肉祭）はカーニバルという意味で、大人の舞踏会シーズンとほぼ同時期に、子ども達はこんな風に思い思いの仮装をして、紙吹雪をまいたりしながら街中を練り歩きます。

ファッシングの夜　笛をふく少年

実はファッシングはお隣スイスの方がずっと盛大。パレードの衣装の鮮やかな色合いや凝った装飾がすばらしく、幻想的な空気に包まれた街全体の様子を今でもよく覚えています。ピッコロを吹きながら歩く青い衣装の少年もその時の記憶。ヨーロッパで生まれたマジパンの、美しい色彩のルーツを見た気がしました。
(マジパンの修業でスイスに滞在していたとき、見ておくとマジパンの色の勉強になると言われ、滞在を伸ばしてみたのです)

クラプフェンが落ちちゃったー

子どもが仮装しているのは、モーツァルトのオペラ「魔笛」の登場人物パパゲーノ。足元に落ちているのは、クラプフェンというファッシングの時に食べるお菓子。せっかくパパゲーノになりきったのに、大好きなクラプフェンを落として犬に食べられてしまい、思わず泣き出してしまいました。

「どうかしら？」

子どもにとってファッシングは年に一度の晴れ舞台。店でマスクや衣装を購入する子もいます。「これどうかしら？」「ふ～ん、なかなかいいんじゃないかい」大張りきりの女の子は店主と念入りに衣装合わせ。テーブルには、ピエロなど仮装用のマスクがずらり。

僕が誰かわかるかな？

子どもがファッシングで着る衣装はあまりお金をかけず、お母さんが作るのが一般的。「見て見て、この衣装！カッコイイでしょう？」と言わんばかりに、手作りのピエロの衣装をつけてお母さんにお化粧をしてもらった子どもは、太鼓を叩きながら大はしゃぎ！

ウィーンの四季の風物詩

冬

美しく青きドナウ
ウィーンフィルハーモニー管弦楽団

ウィーンの新年の行事と言えば毎年１月１日に行われるウィーン・フィルハーモニー管弦楽団のニューイヤーコンサート。私も行ったことがありますが、ホール自体が名器と言われる楽友協会で聞く世界最高峰の音色は、まさにすばらしいのひと言。ヨハン・シュトラウス２世作曲の「美しく青きドナウ」はオーストリアの第２の国歌とも言われます。

冬

イースターまで大忙しだ！

1～3月のファッシングからイースターの頃まで、洋菓子店には必ずクラプフェンというお菓子が並びます。イースト発酵させた生地を揚げ、中にあんずジャムやカスタードクリームを入れて粉糖をかけたもの。素朴でおいしい時季限定の味わいです。

春

「お誕生日　おめでとう！」

家族の行事をとても大切にするオーストリアの人達は、子どもの誕生日もこうして家族そろってお祝い。ケーキもプレゼントもお金はかけず、愛情を込めて手作りしたものが多いようです。さわやかな若葉色の台にのせて、新たなスタートをきる春のイメージに。

春

マリエンケーファー
幸運を運ぶてんとう虫

「マリエンケーファー」という言葉があり、春先に飛んでくるてんとう虫は幸運を運んでくれる縁起物とされ、イースターが過ぎると、今度はてんとう虫を模したチョコレートやマジパンなどが店のディスプレイを飾ります。こちらは皆に幸運を運ぶ仕事に疲れ、木陰でちょっとひと休みするてんとう虫。「配り忘れがあったら大変。さあ、もうひと仕事だ！」なんて声が聞こえてきそう。

春

母の日 プレゼントを買いに

母の日を重んじるオーストリア。ウィーンは花が高価なので、大切な人への贈り物として母の日のプレゼントに花を贈ることがよくあります。「お母さんに花を贈りたいんだけど」と大事に貯めたお小遣いを差し出す少女と、「じゃあサービスするわね」と花を選んであげる親切な花屋の店員です。

夏

モーツァルト風のチケット売り

10年程前から出現した、モーツァルトの格好をした路上のチケット売り。観光客の多いオペラ座近辺などでよく見かける、ウィーンのユニークな名物。クラシックファンならずとも、ついついチケットを買ってしまいます。

夏

「おっとっと」
アプフェルシュトゥルーデル作りのパティシエ

観光客がお目当てのウィーン名物アプフェル・シュトゥルーデル。小麦粉の生地で生のりんごやレーズン、シナモンなどを巻いて焼き上げた、代表的なウィーン菓子です。生地を透けるほどに薄く伸ばすのが特徴で、伸ばしながらピザのように宙に投げ、華麗な技を見せるパティシエも。こちらのパティシエは生地を危うく落としそうになって「おっとっと！」。見ていたネズミも思わずヒヤッとしたことでしょう。

秋

オペラの開幕

ウィーン国立歌劇場を拠点とするウィーン・フィルなどのオーケストラや歌劇団は、夏の間ザルツブルグ音楽祭に出演するため、その間劇場はほぼクローズに。秋になって劇場が再開し、オペラなどが上演され始めると、またひとつ季節がめぐってきたことを感じます。

秋

新酒を楽しむ

ウィーン郊外には、ホイリゲという新酒を飲ませるワイン酒場が点在し、秋の新酒シーズンには遠方からも沢山のお客が訪れます。夕方になると、バイオリンやアコーディオンなどで郷土音楽を演奏しながら店を渡り歩く、小さな音楽グループに出会うことも。1880年頃、そんな演奏で大人気となったのがこのシュランメル兄弟。彼らが演奏した曲の形態をシュランメル音楽と言い、今もその音色は引き継がれています。

秋

天上を思わせる天使の歌声

音楽の都ウィーンが誇れるものは数多くありますが、13 歳以下の少年で編成されたウィーン少年合唱団もそのひとつ。私はあるチャリティー公演で、彼らの天使のような歌声を聴き、すっかり魅了されました。あれは確か 11 月のこと、空気がひんやり冷たくなると蘇る秋の思い出です。

秋

狩猟解禁

格好だけ一人前のちびっ子猟師は、突然遭遇した小熊にびっくりして思わず死んだふり！でもかわいい小熊は「一緒に遊ぼうよ～」って言っているみたい。自然豊かなオーストリアは狩猟が盛んで、11 月の解禁とともに、多くの狩猟家が秋深まる野山に出かけます。

秋

「お似合いですよ」　帽子屋さん

ウィーンの人達は帽子好き。防寒のためにも帽子選びは冬仕度のひとつになっていて、市内にはおしゃれな帽子専門店もいくつかありました。帽子選びに迷う上品なマダムを、「よくお似合いですよ」とすかさずほめるお調子者の店主です。

冬

「ねえ、焼き栗ちょうだい」

最近あまり見かけなくなって寂しいのが、道端の焼栗売りと焼じゃがいも売り。炭火と鉄板で焼いた栗は甘くてホクホク。じゃがいもは輪切りにして塩をふったものを、新聞紙に包んで渡してくれました。子どものお小遣いでも買える素朴なスナックですが、真冬のウィーンの街角で食べれば最高。温かさと香ばしい香りに誘われて、よく買ったものです。

冬

煙突掃除屋さん

オーストリアの住宅は必ず煙突を設置し、年に一度掃除をすることが義務付けられています。寒くなってきたら煙突掃除屋のかき入れ時。ハシゴと先にブラシがついたワイヤーが仕事の必需品です。オーストリアには煙突掃除屋に触れると幸福が訪れるという諺があり、掃除に来た時握手をしてもらう人も。ほら、小さな男の子も後ろからそ〜っと触ろうとしているけれど、気づかれちゃったかな。

冬

大晦日のカウントダウン

時計をじっと見つめ新年を迎える瞬間を今か今かと待つウィーンの人達。大晦日のこの日は皆が街中に繰り出し、お年寄りも子どもも一緒に新年を祝います。あれれ？カウントダウンを待ちきれない人もいますね。足元には紙吹雪が舞い落ち、すでにお祝いムードでいっぱい。

ウィーンの人々

黄色いレインコートの新聞売り

以前は信号待ちをしている車の運転手に売り歩く、新聞売りの少年達の姿をよく見かけました。最近は商店が閉まった後、路上に新聞や雑誌などを置いて売る方法に変わったようです。これは少年の新聞売りを思い出して作ったもの。トレードマークの黄色いレインコートは今も変わりません。

ソーセージ屋台

「ほら、あつい から 気をつけて」

ソーセージはオーストリアで好きになった食べ物のひとつ。日本のものより粗挽きでクセがなく、とてもおいしいんです。ソーセージ売りの屋台は路面電車の駅の脇などによくあり、当時は確か２本で300～400円程度。今まさにかぶりつこうとしている子どもの表情に注目！屋台のお兄さんは「ほら、あついから気をつけて！」と言っているけど、ソーセージに夢中です。

ブルーの制服姿の郵便屋さん

今ではほとんど見られなくなってしまった郵便配達員の鮮やかなブルーの制服。EU 加盟の後、私服に変わってしまったのが残念です。１年で最も忙しいクリスマス前、じゃれる犬に邪魔されながら、制服姿でせっせと仕事に励む姿が懐かしい。

大忙しのベルボーイ

観光都市であるウィーンの夏は世界中から旅行客が押し寄せ、ホテルのベルボーイも大忙し。「やれやれ、僕が犬のお世話までしなくちゃいけないのかい？」 彼は、泊まり客に沢山の荷物とペットの犬まで預けられて困り顔。実際ペット連れの客も多く、こうした光景も珍しくないんですよ。

トイレのおばさん

「Danke schön　ダンケシェーン」

ウィーンの公衆トイレの入り口には、こうした管理のおばさんが大抵編み物をしながら座っています。びっくりするのは、男女反対側にある入り口を両目で別々に見張っていること！トイレを使ったら使用料を払うわけですが、チップを足さないと不機嫌に。そしてチップをはずんだ相手には、これまたびっくりするほど満面な笑みで「ダンケシェーン（ありがとう）」。

公園の庭師もウィーンの風物詩

公園が多く緑豊かなウィーンの街は、公園の清掃・管理を仕事とするガーデナーのおかげで、1年中とても美しく保たれています。ガーデナーの数も多く、手入れをしている姿をよく見かけるので、ウィーンではごく身近な存在です。

タバックのおじさん

「Grüß Gott！　グリュースゴット！」

日本のコンビニのように人々がよく利用するのが、タバックと呼ばれる小さな店。必ず「グリュースゴット！(こんにちは)」と言い合いながら入ると、薄暗い店内にはタバコ・新聞・雑誌・市電の切符・ロトくじといった、ありとあらゆる日用品がずらり。長年経営している高齢の店主が多かったけれど、どこに何があるか全て把握していたのには脱帽。

ナッシュマルクトの野菜売り

「ウィーンの胃袋」と呼ばれ、今では 100 以上の専門店が集まるウィーン最大の食品市場ナッシュマルクト。青果・精肉・パン・チーズの他、世界各国の食材が揃います。当時は私もよく行きましたが、食品などの名称がドイツ語とオーストリアのドイツ語では違うものもあり、買物で苦労したこともしばしば。元気な野菜売りの女性が親切に教えてくれて、随分助かったことを覚えています。

ふたりの絵付け師

アウガルテンは伝統ある皇室直属の磁器工房で、製品は全て専属の職人による手作り。裏には王家の紋章が施されています。絵付け技術が高度なため、最近は継承する職人が減少しているとか。私も大好きなアウガルテンを象徴する花のモチーフと、若き絵付け師に思いを込めて。

掘り出し物にご満悦な
アンティークショップの主人

ナッシュマルクトの周辺にはアンティークショップが沢山あり、古いお菓子の型などを見るのが好きでした。こちらの若い店主は、虫めがね片手にティーセットの鑑定中。「いい掘り出し物が手に入ったぞ！ところでいつ頃のものかな？」 一体いくらで売れるでしょうか。

靴屋のマイスター

ウィーンの街は石畳が多く靴が痛みやすいので、皆よく靴屋で修理をしてもらいます。また雪道に備え、冬に入るとブーツの底に滑り止めを付けてもらいます。ベテランの靴職人はこんなおじいさんがイメージ。作業道具を入れたエプロンがトレードマーク。

「いたたた」
針で指を刺してしまった仕立て屋

「イテテテテッ！」 うっかり指に針を刺してしまい、思わず顔をしかめる仕立て屋の店主。急ぎの注文で大忙し？ウィーンの人達はできあいの服をすぐ買わず、今もきちんとした服は専門店で仕立てる人が多いし、簡単なワンピースなどは自分で作ってしまうんですよ。

ちびっ子ペンキ屋さん

古い物を大切にし、時間の流れもゆっくりとしたウィーン。建物も修復を繰り返して長く住み続けるので、ペンキ屋も大切な存在です。ただどんな修理もやたら時間がかかるのが玉にキズ。これは青空の下で働く空想のちびっ子ペンキ屋さんですが、オーバーオールがよく似合っているでしょう？

カメラマン

「ハイ、こっちを向いて！」

「ハイ、こっちを向いて～」 今日の動物カメラマンの仕事はかわいい猫の撮影。魚を餌に気を引こうとしていますが、モデルの猫はすまし顔で知らんぷり。まったく相手にされません。ウィーンなら、こんなほのぼのとした光景にも実際に出会えそうですね。

「やだー」

「ちょっとの我慢だよ～」とやさしいドクターは一生懸命言い聞かせますが、男の子は「いやだよ～！」と泣き叫ぶばかり。こんな時はどんな名医でも手を焼きますよね。オーストリアでは病気になると、まず近辺の総合医のようなホームドクターに診てもらいます。どの先生も親切でよく話を聞いてくれたことが印象に残っています。

やさしい獣医師

動物愛護の精神が高いオーストリアはペットを飼う人が多く、獣医の数も多いそう。街で評判のいい獣医には、こんな風に動物の患者が順番待ち。おや、今日は普段あまり見かけないちょっと珍しい患者も。ハリネズミはお腹でも痛いのかな？

厳しいコンディートアマイスター

オーストリアで洋菓子店を経営し見習いの指導などができるのは、「コンディートア・マイスター」(マイスターは職人の親方という意味)という称号をもつ人だけ。襟の赤いラインがその証です。ウィーン菓子の職人の仕事は厳しく、こんな風にマイスターに叱られて泣きたくなることもしょっちゅう。マイスターへの道のりは長いのです。

ヴィーナーシュニッツェルを つくるコック

「そろそろできたかな？」 若いコックが作っているのは、オーストリアの名物料理ヴィーナー・シュニッツェル。薄く叩いた仔牛の肉にパン粉をつけて揚げ焼きにしたカツレツのような料理で、とてもおいしくおすすめです。本当はレストランも若いうちはじゃがいもの皮むきばかりで、あまり調理をさせてもらえないのですが、マジパンの世界ですから。

ケルントナー通りの大道芸人

自慢の歌声を披露する人や、全身をペイントして彫刻の真似をする人など、ウィーンのケルントナー通りには１年中どこからともなく大道芸人が現れ、道行く人々を楽しませています。「おっとっと！」頭に鳥をのせたピエロと犬のコンビが披露しているのは、昔ながらの玉乗りの芸。危なっかしいピエロと座っているだけの犬だけど、子ども達は大喜び。

ウィーンの芸術家

グスタフ・クリムト

ウィーンを代表する画家クリムト。彼の作品は市内の美術館で見ることができます。金箔を多用し妖艶な裸婦を描いた独特の作風で知られますが、本人はちょっとだけ前髪が残ったこのユーモラスな髪型がトレードマークです。

ヴォルフガング・アマデウス・モーツァルト

オーストリアが世界に誇る偉大なる音楽家モーツァルト。天才的な才能は誰もが知るところですね。１枚の長い譜面に、彼の音の世界があふれ出るさまを表現しました。

ルートヴィヒ・ヴァン・ベートーヴェン

ベートーヴェンはドイツ人ですが、ウィーンでその才能を認められました。自然を愛し森に出かけることも多く、有名な交響曲「田園」はウィーンの森に続くハイリゲンシュタットで作曲されたと言われています。そこで風に吹かれて自然と一体となり、曲作りに没頭するベートーヴェンです。

プロフェッサー・ヴァイス

「やあ、こんにちは！」と右手を上げて陽気に挨拶をするのは、ウィーンの音楽大学の恩師であるエルヴィン・ヴァイス教授。学長も務められた権威ある方でしたが、生徒達からとても愛されていました。私と道を歩いていると、アパートメントの窓から知り合いの人達に声をかけられることも多く、こんな風に親しみを込めて返事をしていた姿が印象に残っています。

童話

小人のくつ屋

グリム童話「小人のくつ屋」から。夜中に靴屋のおじいさんとおばあさんが、小人が靴を作っているところを見てしまうシーン。全体は淡い色でまとめ、お話のカギとなる靴は明るい青色にして目立たせました。

みにくい
アヒルの子

「みにくいアヒルの子」はアンデルセン童話から。アヒルの家族に嫌われていたかわいそうな子どもの頃の様子と、美しい白鳥へと成長した幸せそうな姿。物語の始まりとハッピーエンドをひとつの作品に。グラニュー糖をふって描いた水面の表情も、それぞれ変化をつけています。

ラプンツェル

高い塔と長い髪の少女。そう、グリム童話の「ラプンツェル」です。両親が魔女に赤ちゃんをとられてしまう場面と、王子様がラプンツェルに髪をたらしてくれるように伝える、重要な２つの場面。この塔は小さな土台を４つ重ねているんですよ。

マッチ売りの少女

アンデルセン童話「マッチ売りの少女」のお話は、クリスマスの夜の出来事。皆の心の中に刻まれている、とても悲しいストーリーです。最後の１本のマッチを灯す少女。冷たく凍った地面は薄いグレーのマジパンで。土台の裾に巻いたものは、マッチの火で一瞬明るくなった石畳を表しています。

あかずきん

ペロー童話やグリム童話にも収録されている「あかずきん」。左は赤ずきんがお使いを頼まれているところ。右はおばあさんに扮したオオカミを猟師が不審気に見ているところ。実は怖いお話ですが、オオカミがおばあさんに変装した姿はちょっとコミカル。

ジャックと豆の木

イギリスの童話「ジャックと豆の木」のラストシーン、大男が降りてこないようにジャックが木を切る瞬間です。塔には淡いグレーと白のマジパンを重ねて巻き、窓の部分を切り抜いて、倒れないように底にもマジパンを詰めています。

不思議の国の
アリス

個性的なキャラクターがたくさん登場する、ルイス・キャロル原作の「不思議の国のアリス」。終わりのないお茶会をしているアリスと帽子屋、三月うさぎ。そしてトランプの兵隊を従えたハートの女王と白うさぎ。微妙な色味と表情でキャラクターの特徴をだし、中央に時の流れを意味するかけ橋を作ることで、ずれた時間軸で存在する２つの場面を表現してみました。

森の精の小人

小人は人間の姿をした妖精と言い伝えられています。森の多いオーストリアには、小人にまつわる話がたくさんあります。上は森の散歩の途中で雨に降られ、キノコの傘の下で雨宿りをする小人。彼らは人間界のことにも興味津々で、新聞だって読むんです。

手技で生み出す
小さなマジパンの魅力

マジパン細工には、暑さと湿気が大敵です

- マジパンは気温が高いと柔らかくなり過ぎて細工をしにくくなります。10月～5月は、室温でマジパン細工をしやすい時期です。
- 気温が高いときは、手に打ち粉用の粉糖を少量つけると、マジパンがつかず、細工をしやすくなります。打ち粉をつけすぎると、マジパンがかたくなって逆に作業しにくくなるので、つけすぎに気をつけましょう。
- マジパン細工の工程中、作業をしない他のパーツはラップで包むかかぶせておき、乾燥を防ぎます。乾燥すると亀裂が入りやすくなってしまいます。ただ、夏の暑い時期は、ラップを長時間かけると生地が柔らかくなってしまうことがあります。
- 作り方の全体的なポイントに関しては、文章に赤いラインを引きました。参考にしてください。
- マジパン細工でよく使う材料や道具については、119 ～ 123 ページにまとめました。

同じマジパン細工を4～5回作ってみるのが上達のコツです

- まず、86 ページからの写真とまったく同じものを4～5回きちんと作ってみましょう。形や向きを変えたりせずに、まったく同じものを4～5回作ります。こうして基礎を身につけていくことをおすすめします。球形をきれいに作る、指の関節の使い方などの基本となるテクニックを身につけて理解することが大切です。それから他の動物や人物に挑戦するのが上達への近道です。
- 小さすぎると感じたら、まずは倍量の大きいサイズで作ってみてください。

うさぎの作り方

材料

胴体
無着色のマジパン（3 g）
頭
無着色のマジパン（1.5 g）
尻尾
無着色のマジパン（0.1 g）
目、鼻
アイシング、チョコレート

打ち粉用の粉糖
接着用の無色のリキュール、または卵白

1

胴体を作る。胴体用のマジパンを練って柔らかくし、手の平のくぼみでくるくると丸め、亀裂のないつややかな球形を作る。暑い季節はマジパンが溶けやすいので、手にほんのひとつまみの打ち粉をつける。
つややかな球形に丸める工程は、マジパン細工の基本。亀裂が残ったまま作業すると、生地を伸ばしたり切り込みを入れた時、さらに亀裂ができてしまうので注意。

2

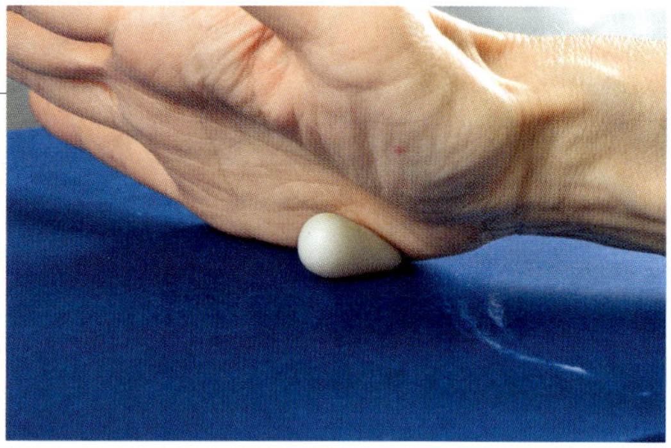

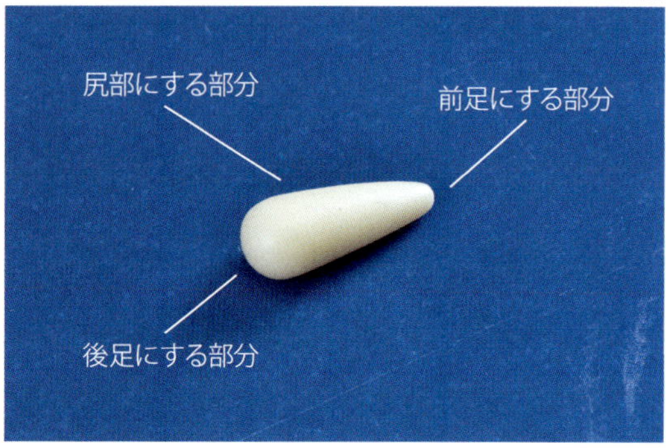

手の平の外側の腹を球形の端に当て、前後に転がしてしずく形を作る。

3

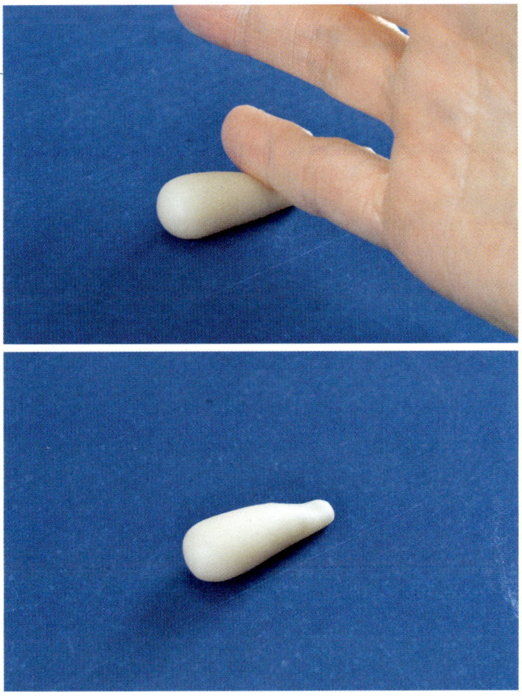

細い方の端から2～3mmのところに小指の先の外側を当て、少し転がしてくびれを作る。ここで長さは約3cm。

4

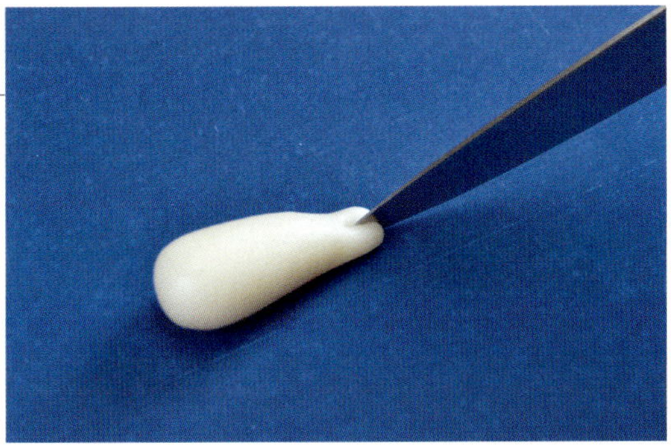

前足を作る。ペティナイフなどの細い刃先で、細い方の真ん中にくびれ部分から端まで切り込みを入れる。

5

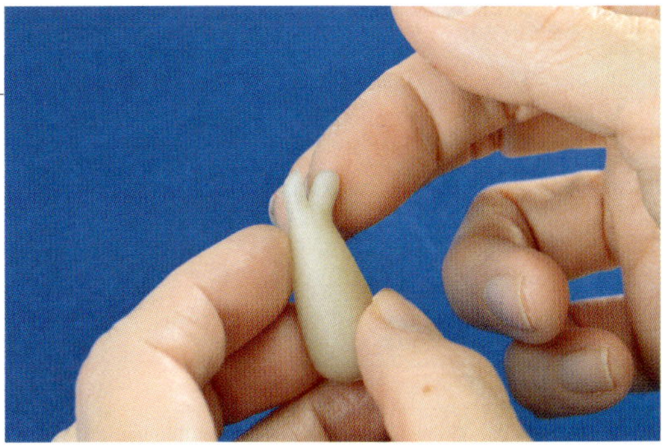

切り込みを入れた部分を左右に離しながら、少し外側にひねる。
細かい部分ほど乾燥しやすいので、なるべく手早く作業する。

6

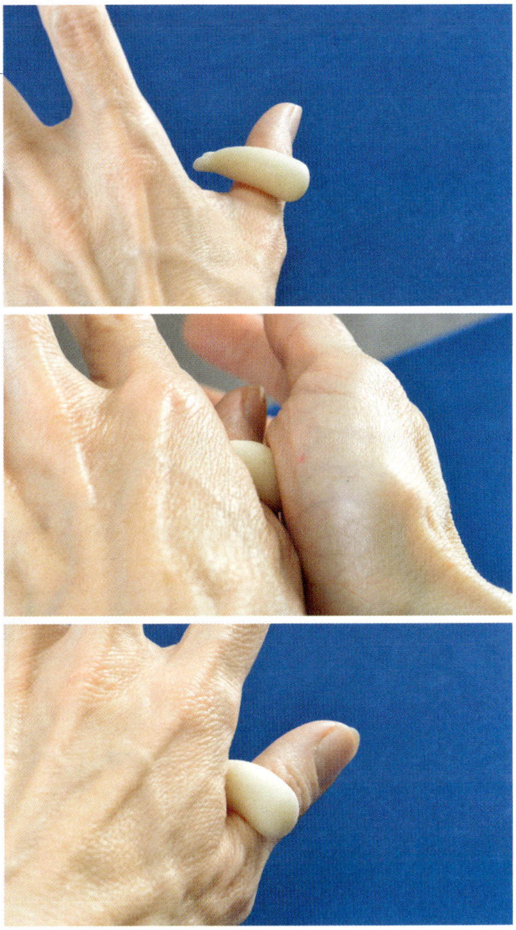

尻部の丸みをつける。太い方を手前にして親指の付け根にのせ（上）、もう片方の親指の腹でのせた部分を指に沿ってそっとなで（中）、わずかに曲げて緩やかな丸みをつける（下）。

7

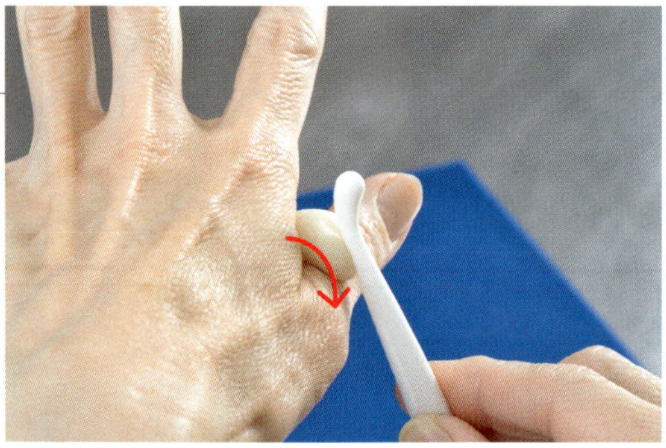

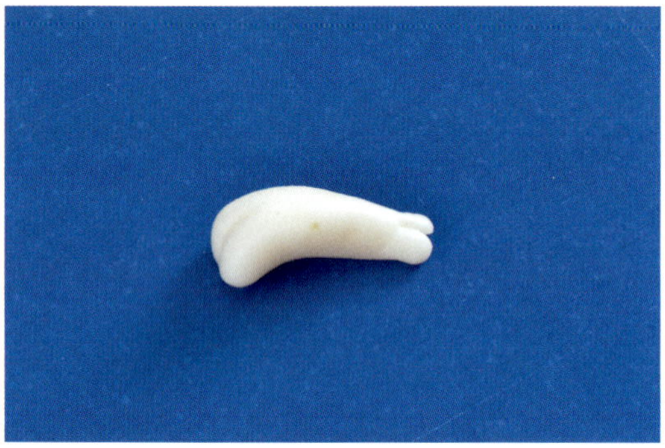

後ろ足を作る。骨形スティックの柄の部分を、丸みのつけ根あたりの真ん中に当て、上から下にそっとおろして、かるく跡をつける。

8

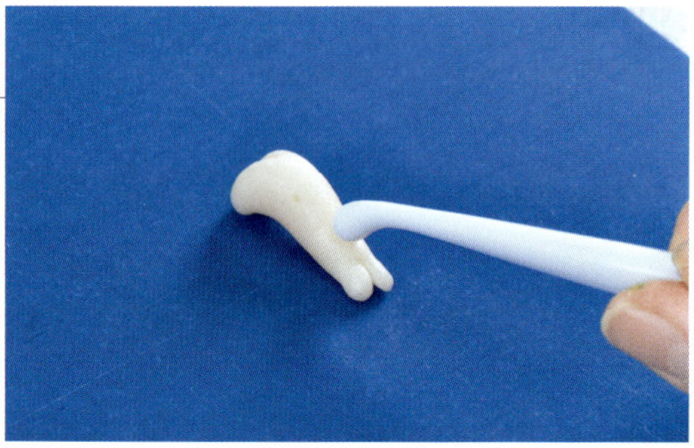

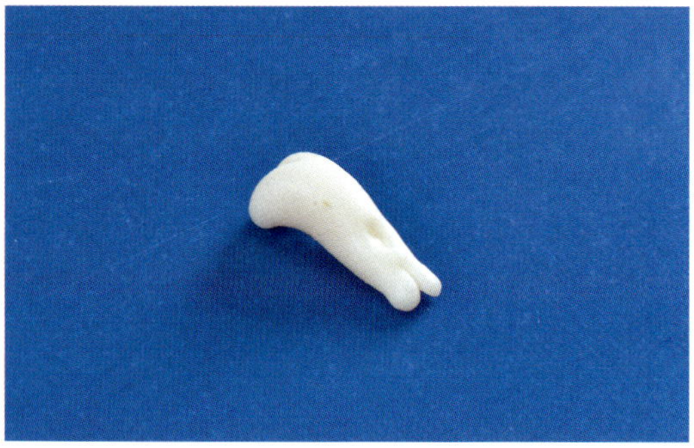

前足を手前におき、前足の少し上の部分を、写真と同じ向きにした骨形スティックでかるく押し、頭を接着するくぼみを作る。

9

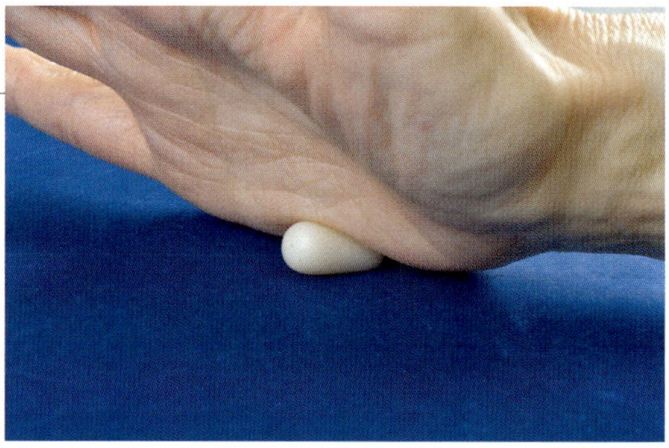

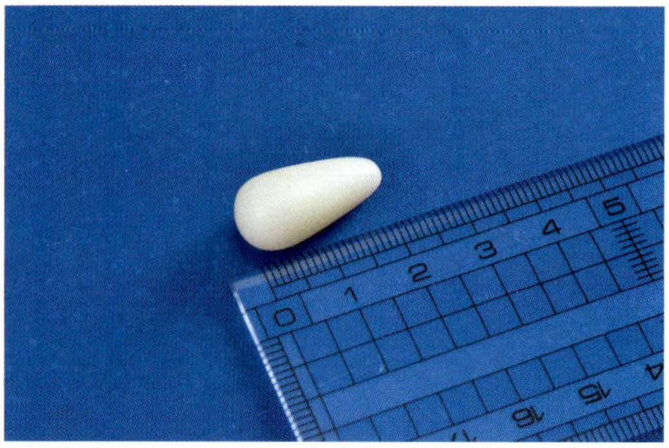

頭を作る。頭用のマジパンを①と同様に丸め、②と同様に転がしてしずく形を作る。ここで長さは約2cm。

10

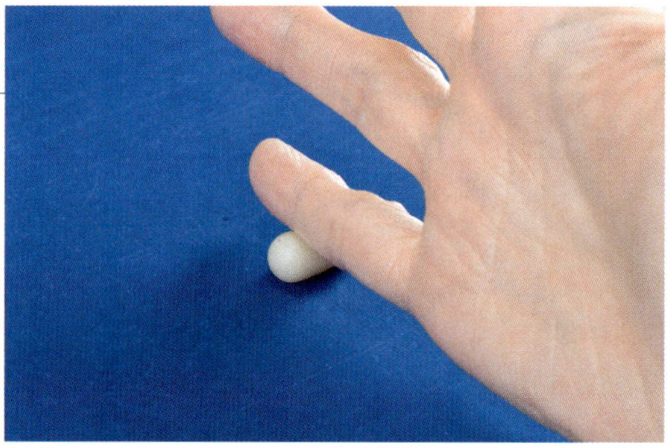

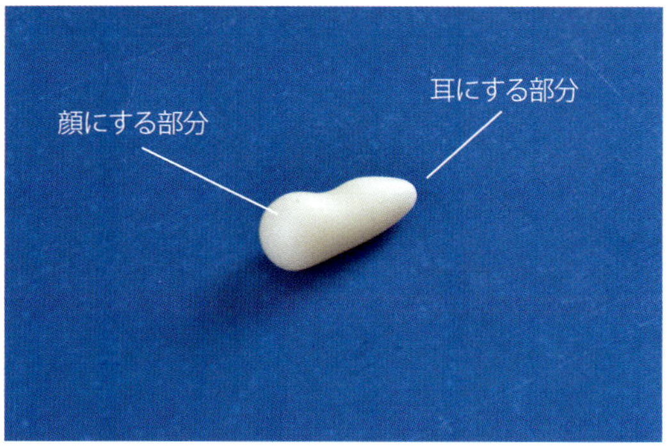

太い方の端から1/3位のところに小指の先の外側を当て、少し転がしてくびれを作る。

11

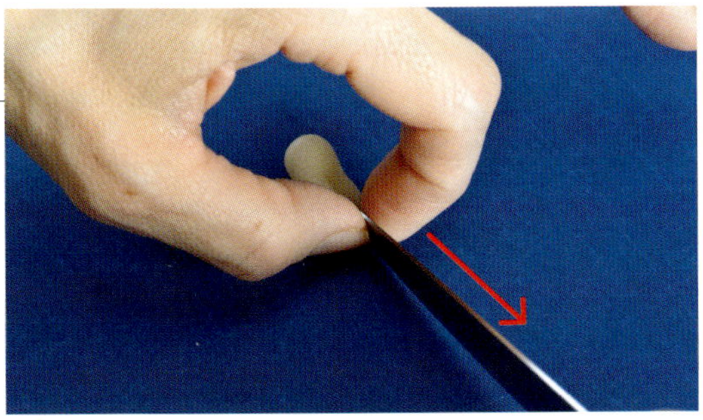

耳を作る。④と同様に、細い方の真ん中にくびれから端までナイフの刃先で切り込みを入れる。指でそっと押さえて刃先を抜く。

12

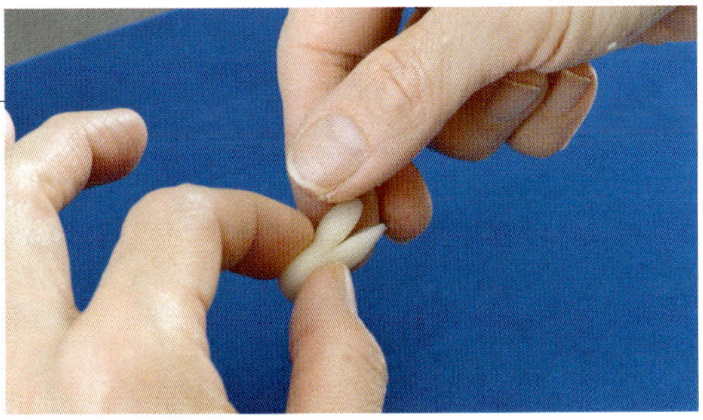

耳と顔の境目を持ち、切り込みを入れた部分を左右に離しながら少し外側にひねり、断面の平らな部分を正面に向ける。

13

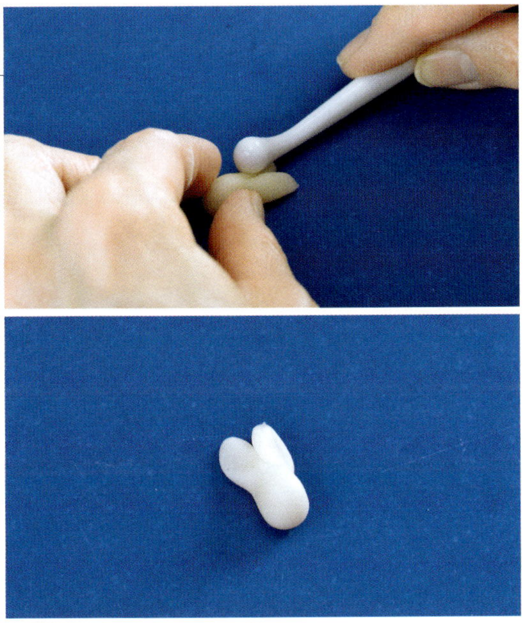

耳の部分に、写真と同じ向きにした骨形スティックの大きい方の先端を当て、外側に倒して耳の穴の跡をつける。

14

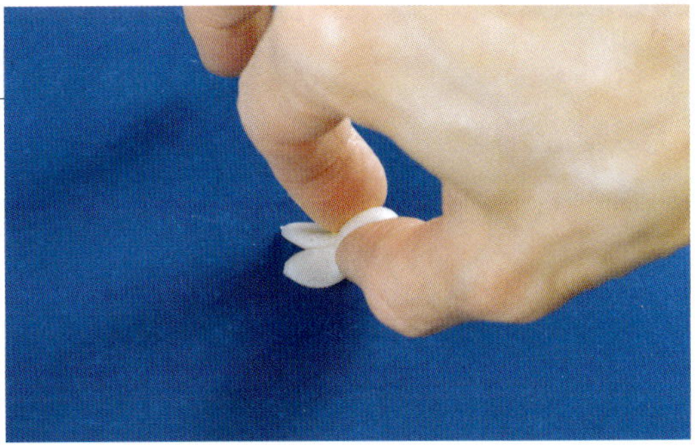

耳と顔の境目を持ち、耳の後ろを台につけ、顔を少し持ち上げる。耳を少し前に倒し表情をつける。

15

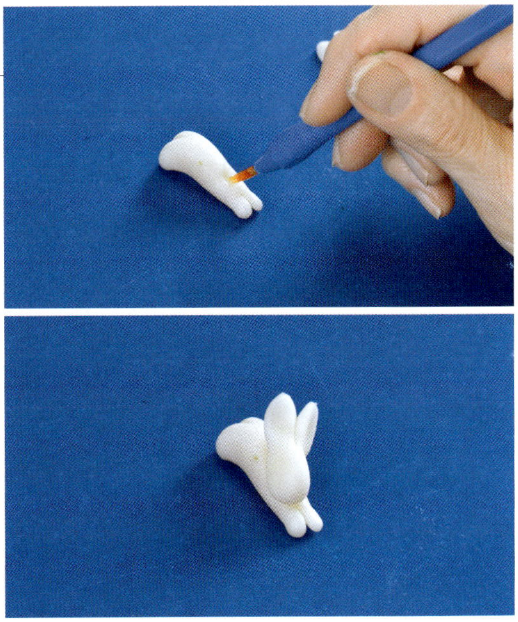

胴体のくぼみに卵白、またはリキュールを塗り、少し斜めに頭を接着する。首を少しかしげるとかわいらしい雰囲気になる。

16

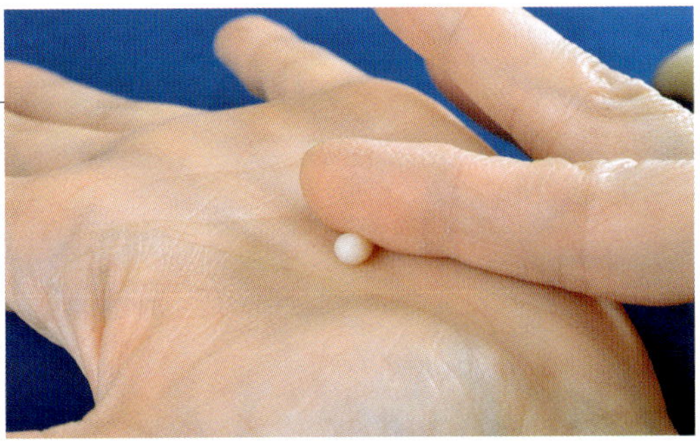

尻尾を作る。重さ0.1gのマジパンを人差し指の先で転がし、しずく形を作る。

17

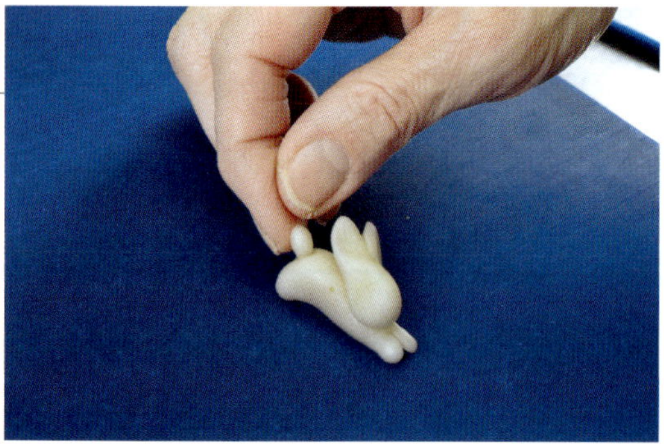

お尻にリキュールを塗り、⑯の尻尾の細い方を接着する。
狭い部分や細かい部分の接着には、必ずリキュールを使う。リキュールは蒸発するので、接着部分からはみ出ても影響がない。卵白は、乾くと光って跡が残るので、はみ出した部分が目立ってしまう。

18

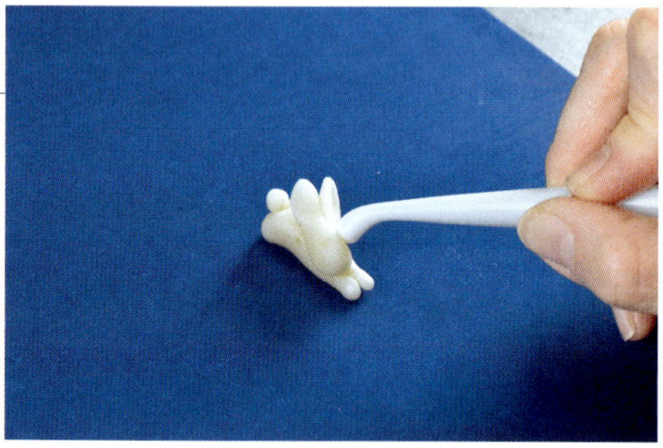

耳の下のあたりを、写真と同じ向きにした骨形スティックの小さい方でかるく押し、目のくぼみを作る。

19

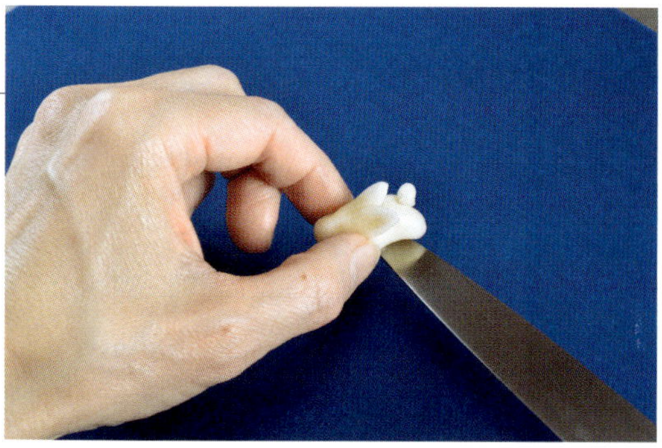

少しおいて乾かしておく。
半乾きの作品を動かすときは、ナイフの背などにのせて移動させると、形が崩れることなく安全。

20

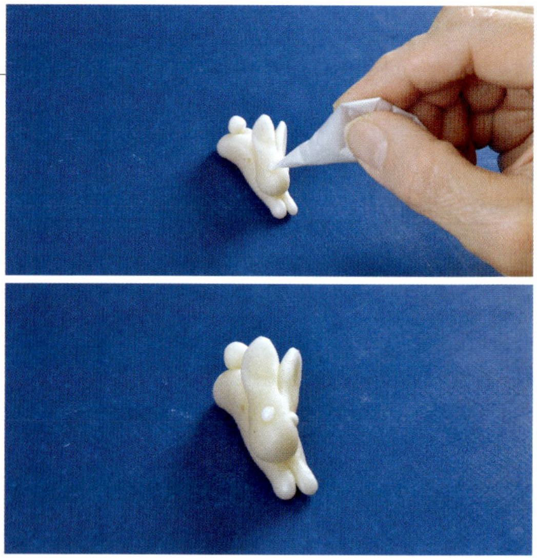

白目を入れる。コルネにアイシングを入れ、先端をほんの少し切る。顔のくぼみに「の」の字を書くようにして少量を絞り、白目を入れる。
「の」の字を書くように入れると、前に飛び出ずきれいに描くことができる。目を入れるときは、いきなり描かず、必ず台の上で練習する。またアイシングを入れたコルネの先は、使った後こまめにふく。

21

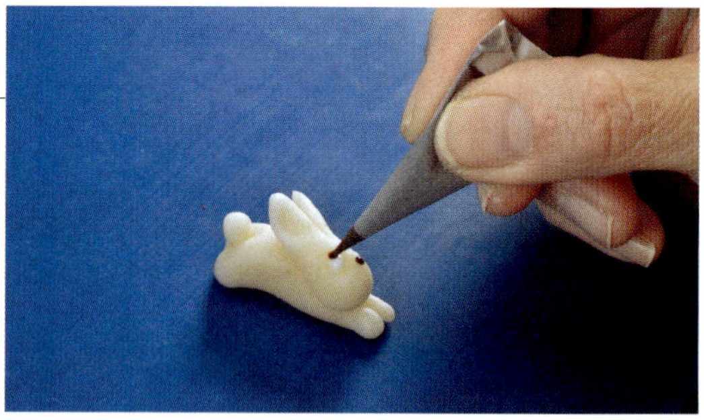

黒目と鼻を入れる。コルネに溶かしたコーティング用チョコレートを入れ、先端をほんの少し切る。最初に鼻を入れ、次に白目の半分以下の大きさで、上目がちに黒目を入れる。
作品は上から見る場合が多いので、上を向いていたほうがかわいらしくなる。また目は必ず同じ方向を向くように入れる。

アヒルの作り方

材料

胴体
黄色のマジパン（3 g）
頭
黄色のマジパン（1.5 g）
羽
黄色のマジパン（0.1 g×2）
くちばし
赤のマジパン（少量）
目、眉毛
アイシング、チョコレート

打ち粉用の粉糖
接着用の無色のリキュール、または卵白

1

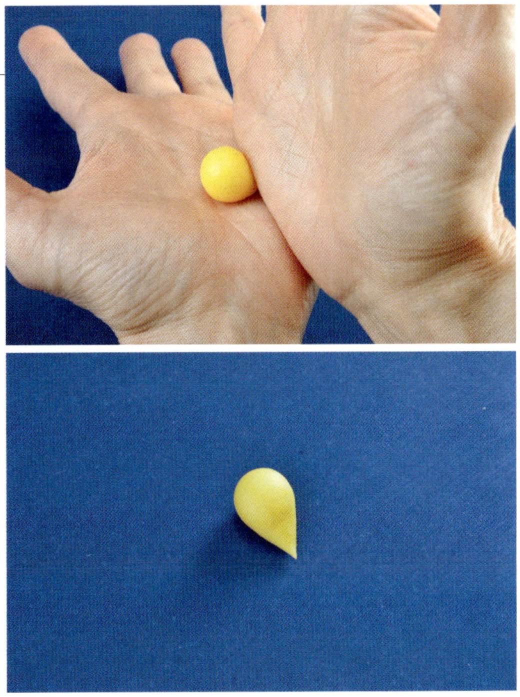

胴体を作る。胴体用のマジパンで、うさぎの手順①と同様に亀裂のないつややかな球形を作る。手の平にのせ、反対の手の平の外側をわずかに端に当て、転がして尖らせる。

2

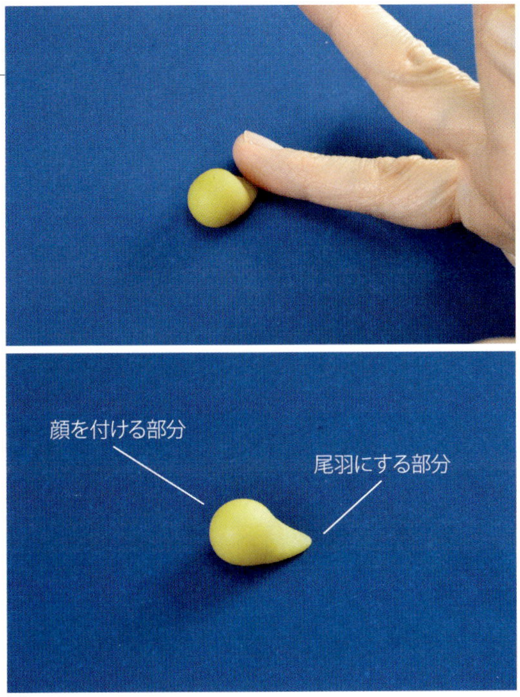

尖った部分を台にそって薬指で薄く伸ばし、少し平らにして尾羽を作る。

3

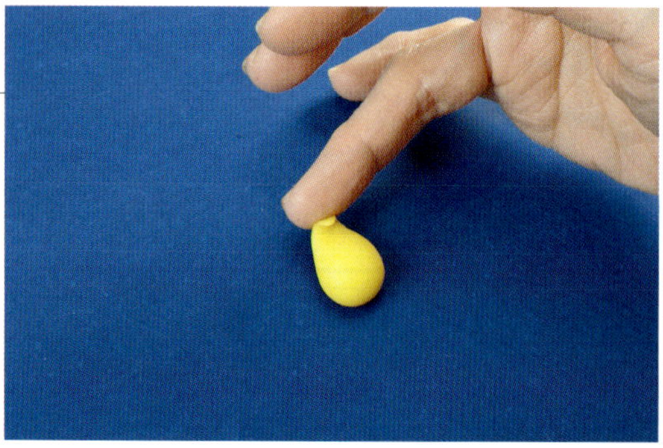

平らにした尾羽の部分を薬指で持ち上げて手前にくるんと巻く。

4

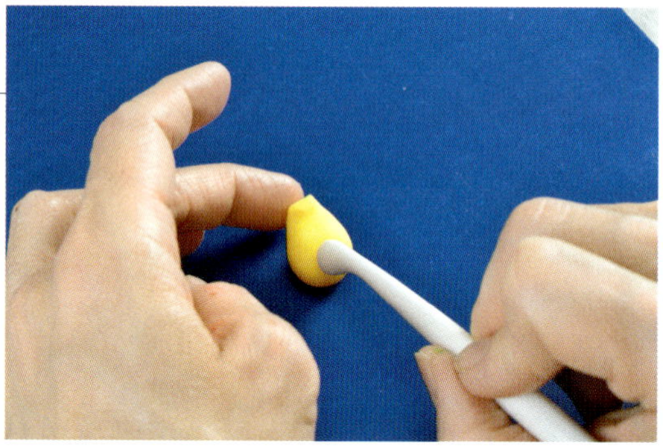

太い方の上部に、写真と同じ向きにした骨形スティックの大きい方を当て、かるく押しながら少し手前に引き、尾羽をわずかに上げる。

5

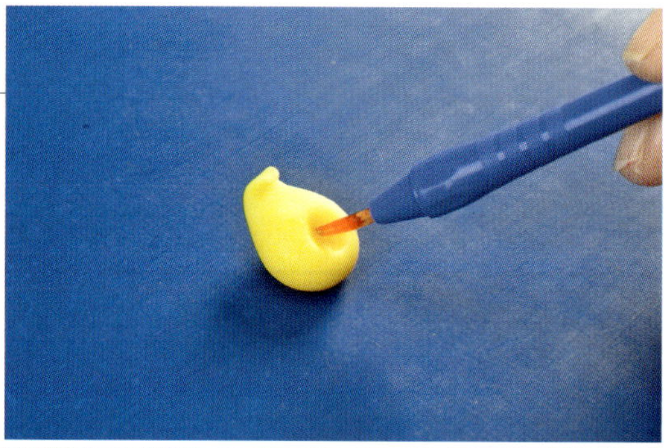

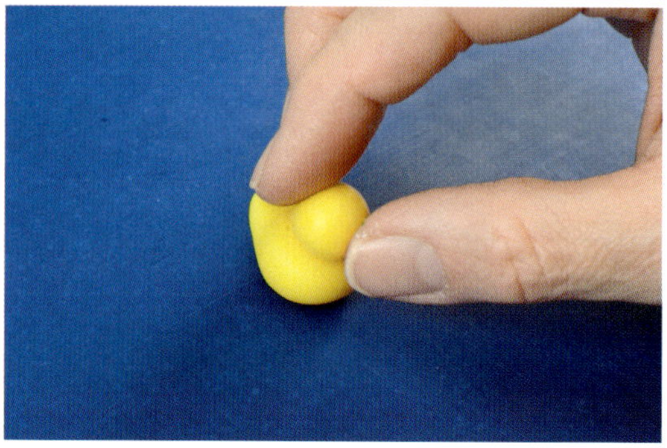

頭を作る。頭用のマジパンを①と同様に丸める。④で作ったくぼみに卵白、またはリキュールを塗り、頭を接着する。

6

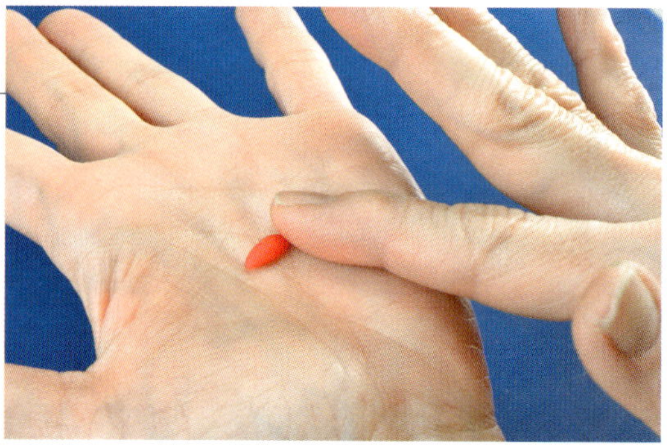

くちばしを作る。くちばし用のマジパンで球形から楕円を作り、指先で平らに押す。

7

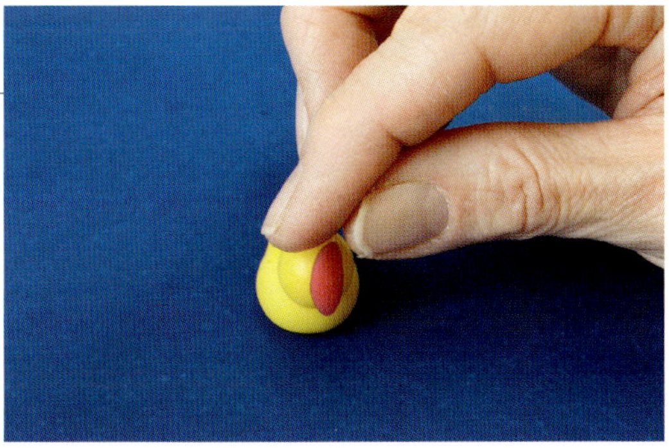

顔の正面にくちばしを縦につける。

8

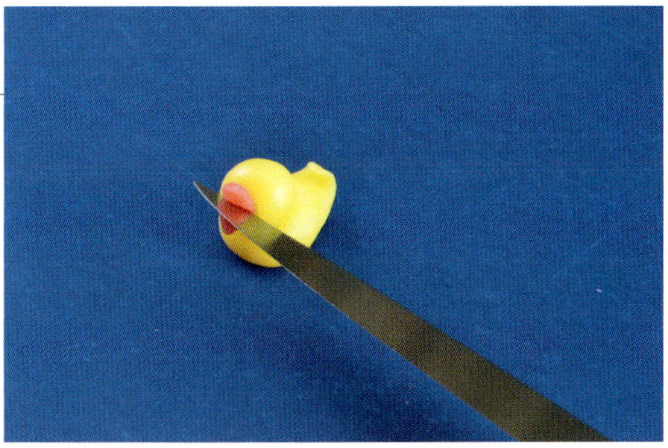

ナイフの背を真ん中に入れてわずかに押し、くちばしの上下を作る。

9

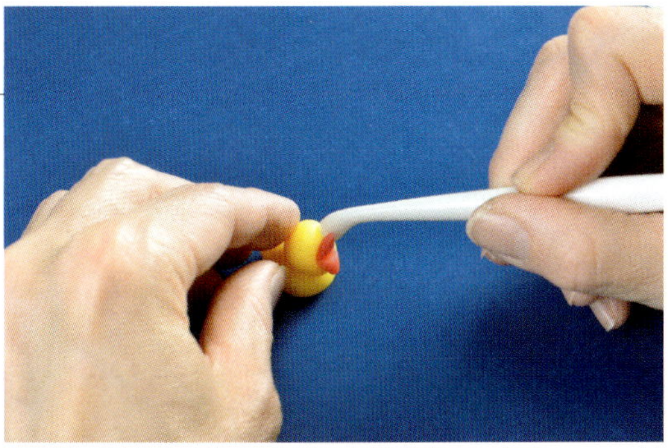

くちばしの両脇を、写真と同じ向きにした骨形スティックの小さい方でかるく押し、目のくぼみを作る。

10

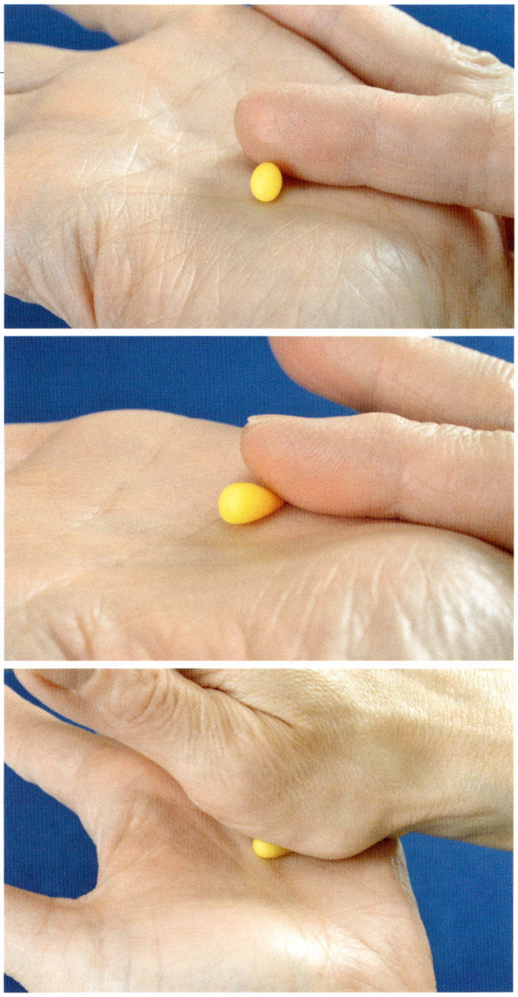

羽を作る。羽用のマジパン2個を、それぞれ手の平にのせて人差し指で丸める（上）。端に指先を当てて転がし、しずく形を作る（中）。細い方を親指の腹で押して少し平らにする（下）。

11

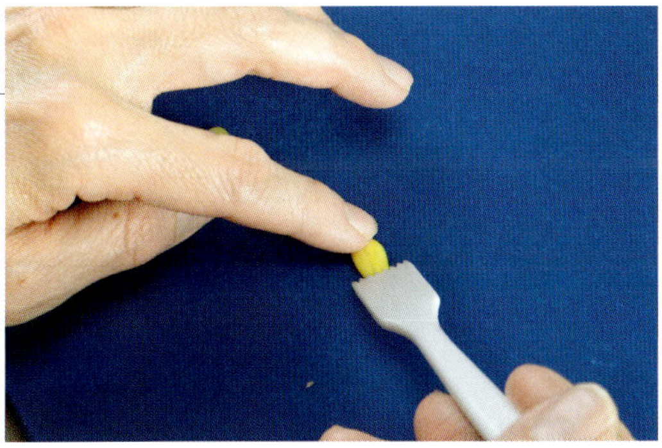

ギザギザ形スティックで表面をさっとなで、筋模様をつける。手早く作業をする。

12

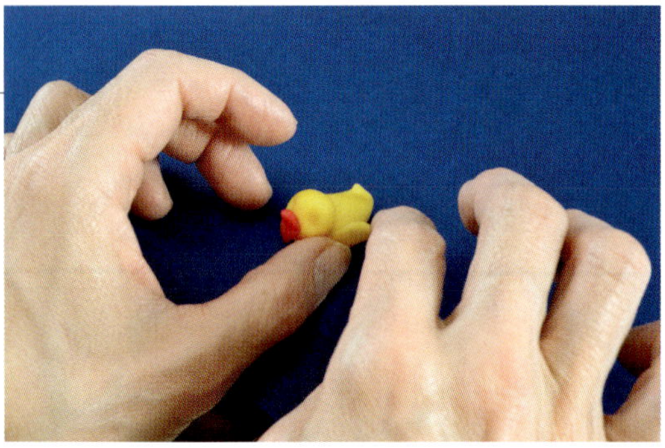

目尻の下あたりになる位置に、羽の幅の広い方をかるくリキュール、または卵白で胴体に接着し、細い方を少し外側に反らせる。

13

白目を入れる。コルネにアイシングを入れ、先端をほんの少し切る。うさぎの手順⑳と同様にして顔のくぼみに少量を絞って白目を入れる。驚いた表情を出すために、アヒルは少し大きめに入れる。

14

アヒルの黒目を入れる。コルネに溶かしたコーティング用のチョコレートを入れ、先端をほんの少し切る。うさぎの手順㉑と同様にしてチョコレートを一瞬でのせるように入れる。

15

眉を描く。楊枝の先にチョコレートをつけ、指先につけて少しぬぐい、目の上にさっと斜めに引く。目と眉がくっつかないように気をつける。

市場のお店
の作り方

材料

壁・屋根・窓口の台
茶色のマジパン（壁・前後 5g × 2、
壁・横 2g × 2、屋根 4g × 2、窓口の台 1g）
柱・屋根の棟
焦げ茶色のマジパン
（柱 0.1g × 4、屋根の棟 0.3g）
屋根の飾り
緑色のマジパン（少量）
屋根のランプ
黄色のマジパン（直径 2 ～ 3mm 球× 12）

打ち粉用の粉糖
接着用の無色のリキュール、または卵白

型紙

＊ケーキの箱のような、表面がコーティングされた紙で作る。

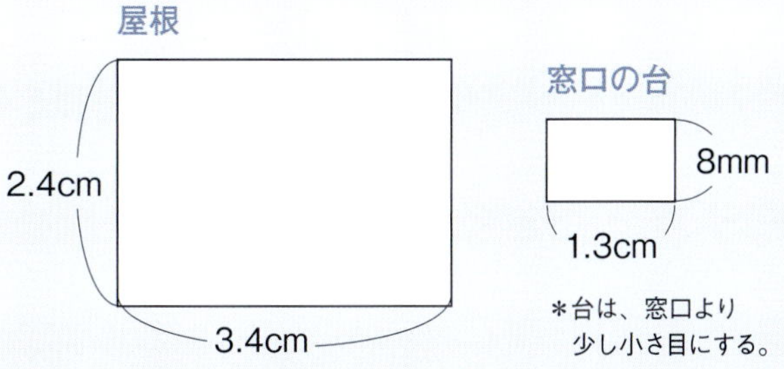

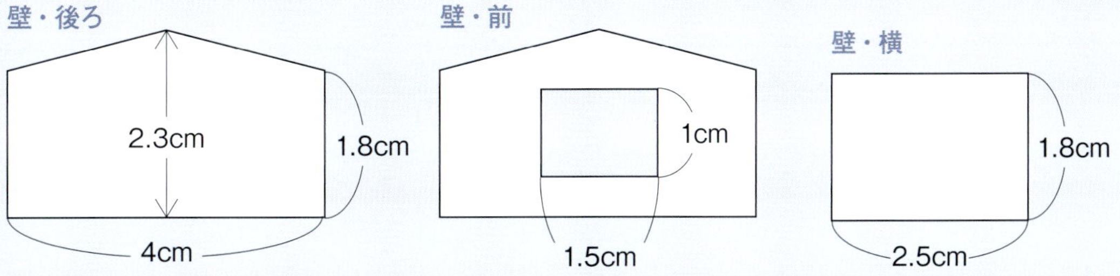

1

家の壁と屋根を作る。台に打ち粉を少量ふる。茶色のマジパンを練って柔らかくし、球形に丸めてからローラーで厚さ 3 ～ 4㎜の四角形に伸ばす。

2

縦縞のついたローラーを中央におき、かるく力を入れて上に転がし、力を抜いて元の位置に戻す。下も同様に転がし、全体に縦模様をつける。下から上へ続けて転がすと、マジパンがくっつくので注意。模様はナイフの背で定規を当てながら筋をつけても作れる。

3

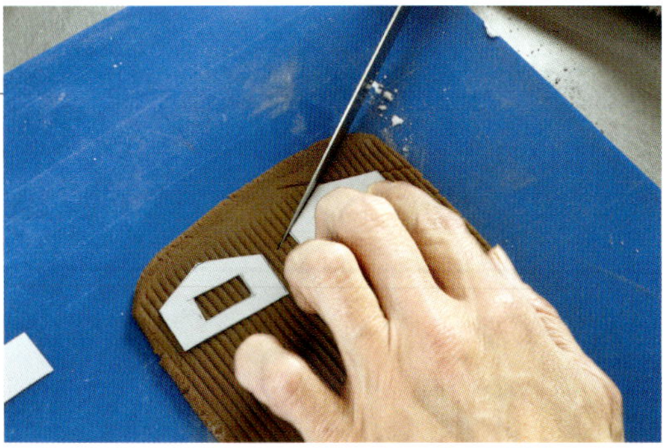

マジパンがくっつかないように、型紙のコーティングされた面を下にしておき、型紙に沿って輪郭をナイフで切る。切る度に刃をかたく絞った濡れ布巾でふき、必要に応じて打ち粉をつける。マジパンを台からはがすときは、ナイフの刃先を台とマジパンの間にそっと差し入れる。手で引っ張るとマジパンが伸びてしまうので注意。
かたく絞った濡れた布巾、乾いた布巾を必ず用意し、ナイフはこまめにふき、台には打ち粉をふる。

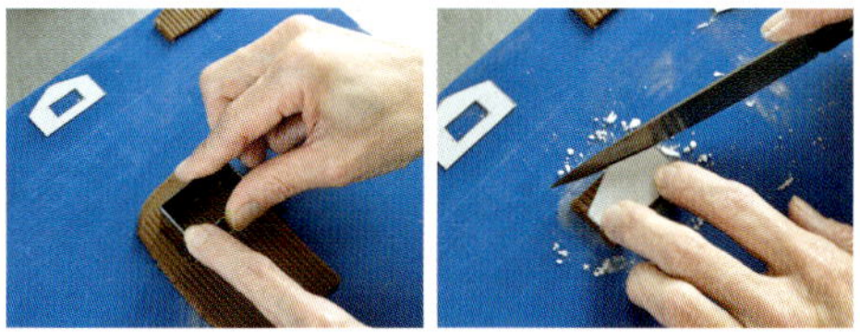

抜き型で抜いてから形を整えてもよい。その場合は型に打ち粉をつけておくと、マジパンがつかない。

4

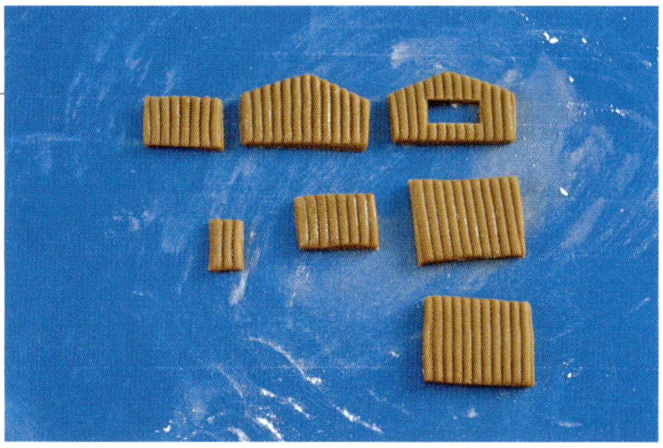

屋根2枚、前と後ろの壁各1枚、横壁2枚、窓口用の台1枚を切り取る。マジパンの裏面か台に打ち粉をふり、1～2日おいて充分乾かす。1日経ったら少し動かし、台にくっついていないか確認する。半乾きのまま作業するとマジパンが反ってしまうので、充分乾かす。

5

前壁の内側の両端に卵白を塗り、立てて横壁をしっかり接着する。力を入れすぎないように気を付ける。

6

同様に、後ろ壁も内側の両端に卵白を塗り、⑤に接着する。つけたら写真のように手で四つ角を押さえてしっかりと接着する。

7

柱を作る。焦げ茶色のマジパンを打ち粉をつけながら練り、球形に丸めてからローラーで厚さ 3㎜に伸ばす。縦縞のついたローラーを転がし、縦模様をつける。横3cm ×縦5～6cm の長方形に切り取り、縦 4 等分に切る。

8

まず、後ろ壁の角に卵白を塗り、⑦の柱を1本ずつ接着し、上にはみ出した部分をハサミで切る。同様にして、前壁の角にも⑦の柱を1本ずつ接着する。後ろ側から接着すれば、最初に失敗しても目立たない。柱は家を補強する役割もある。

9

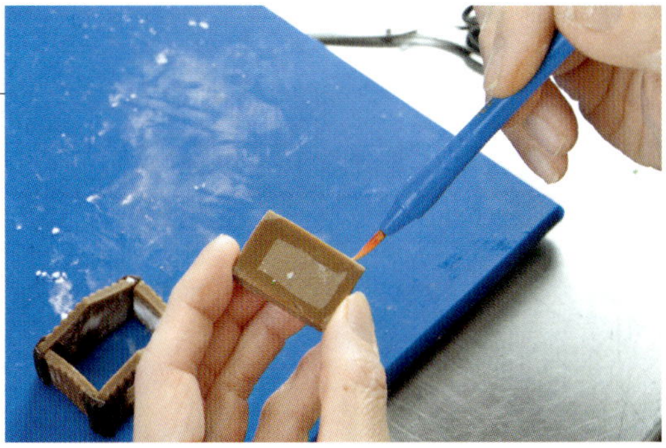

屋根の内側の端4辺に卵白を塗り、壁の上にのせて接着する。

10

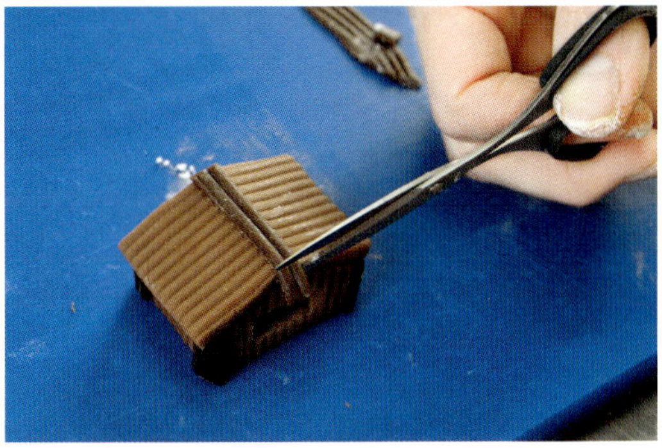

柱と同じ色と厚さのマジパンを幅5㎜・長さ 3.5㎝の帯状に切る。屋根のつなぎ目に卵白を塗って接着し、はみ出した部分をハサミで切り落とす。

11

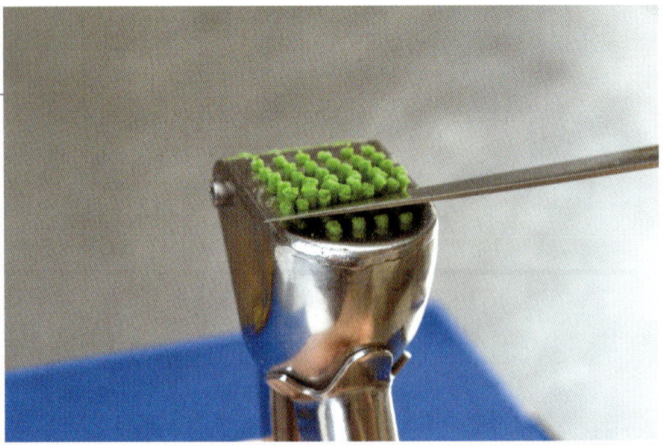

屋根の飾りを作る。ガーリックプレスに緑色のマジパンを入れ、1.5㎜長さに押し出す。

12

屋根のへりに卵白を塗り、⑪のマジパンをナイフで少しずつ削ぎ取り、屋根のへりにそっとのせるように接着する。

13

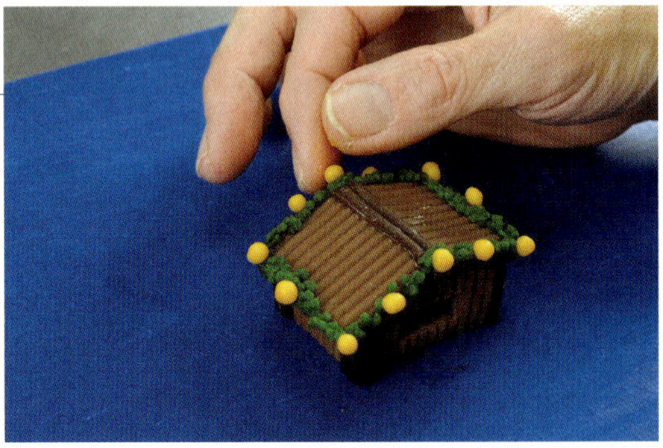

ランプをつける。黄色のマジパンを手の平にのせ、指先で丸める。⑫の屋根の飾りのランプをのせるところだけに卵白を塗り、ランプを等間隔にそっと接着する。ランプは丸めて少し乾かしてから接着する。飾りは乾くと取れやすいので、扱いに気をつけること。

14

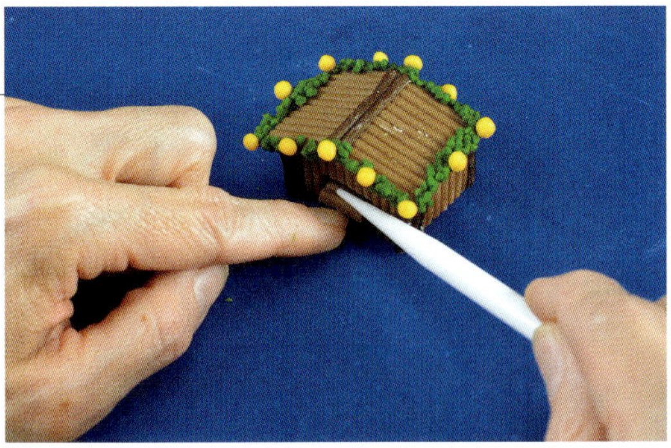

窓口の台を作る。窓口の下の部分に卵白を塗り、窓口のマジパンを接着する。

15

打ち粉が残っている部分に、うすくリキュールを塗って打ち粉を落とす。完成したら1日おいて乾かす。

男の子の作り方

材料

ズボン
茶色のマジパン（4g）
胴体
無着色のマジパン（2g）
ジャケット腕
緑のマジパン（1g×2）
ジャケット胴体
緑のマジパン（4.3g）
手
肌色のマジパン（0.1g×2）
頭
肌色のマジパン（1.2～1.4g）
鼻、耳
肌色のマジパン（少量）
髪
薄茶色のマジパン（少量）
靴
黒のマジパン（0.2g×2）
目
アイシング、チョコレート

打ち粉用の粉糖
接着用の無色のリキュール、または卵白

● 花束
土台
無着色のマジパン（2g）
花
薄黄色のマジパン（少量）
花芯
濃い黄色のマジパン
（少量）

1

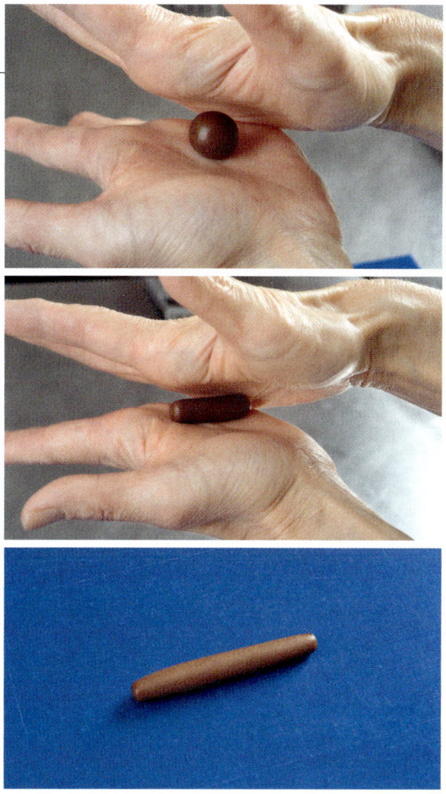

ズボンを作る。ズボン用のマジパンを練って柔らかくし、手の平のくぼみでくるくると丸め、亀裂のないつやつやかな球形を作る。台か手の平の上で転がし、約6cmの棒状にする。一体感を出すために、両足を1つのパーツで作る。

2

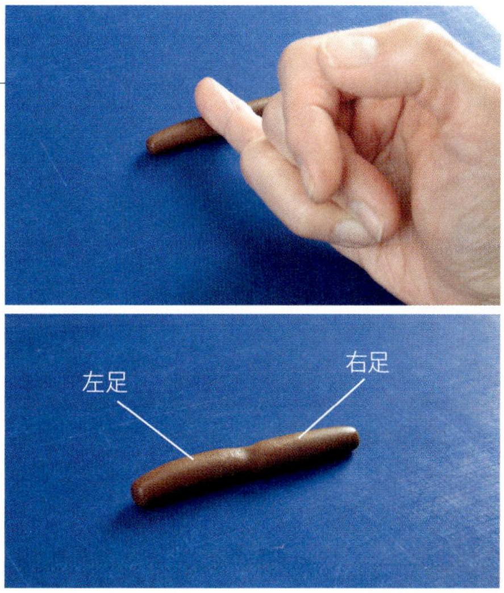

真ん中に小指の先の外側を当てて前後させ、わずかなくぼみを作る。

3

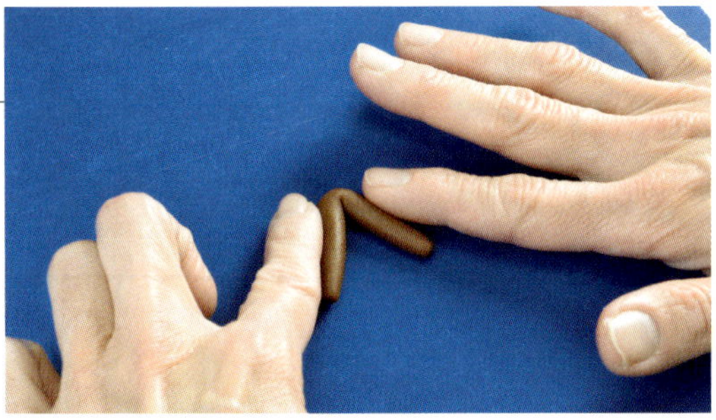

左右の外側に指を当て、②のくぼみを内側にしてＶ字に折る。くぼみを作っておかないと、折った時、お尻になる折れ目の外側部分が割れてしまう。

4

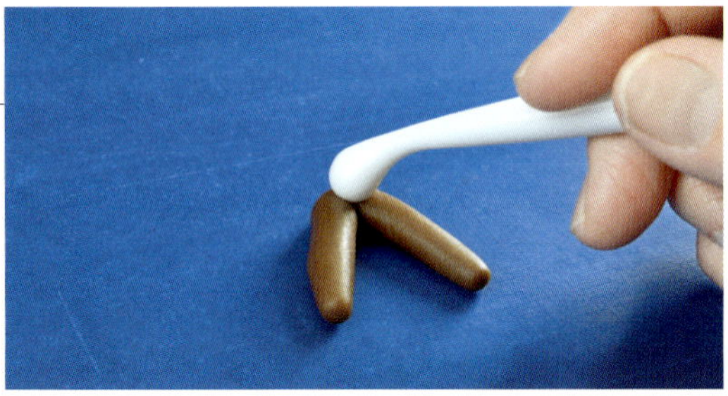

写真と同じ向きにした骨形スティックの大きい方で、折った根元の部分の上をそっと押し、胴体をのせる浅いくぼみを作る。強く押すとお尻の部分がつぶれてしまうので、やさしく押す。

5

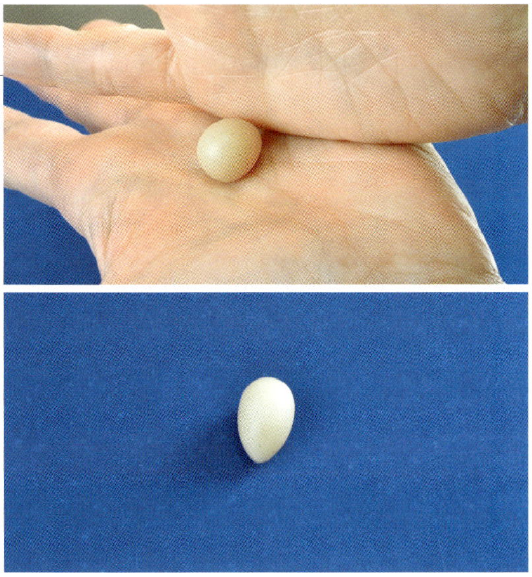

胴体を作る。胴体用のマジパンを①と同様に球形に丸めてから、手の平の外側の腹をわずかに端に当て、前後に転がして少し尖りを作り、丸みのあるしずく形を作る。子どもらしい丸みのある体を表現するために、生地も丸みを残す。

6

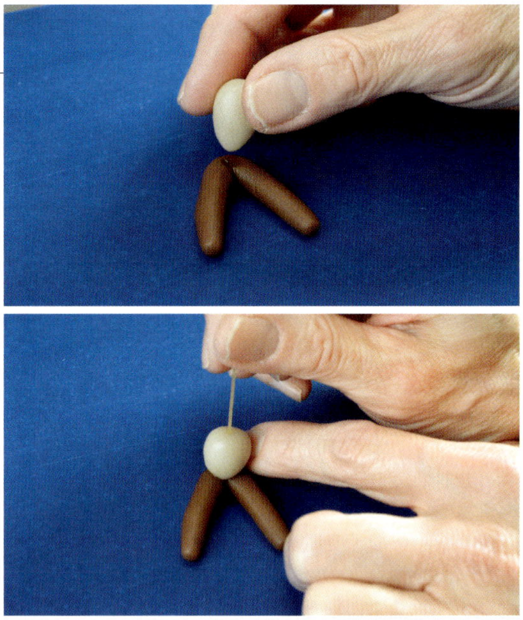

④のズボンのくぼみにリキュールを少し塗り、ここに、尖った方を下にして⑤の胴体をのせる。胴体の上からズボンまで、 3〜4㎝に切ったカッペリーニを刺して固定させる。

7

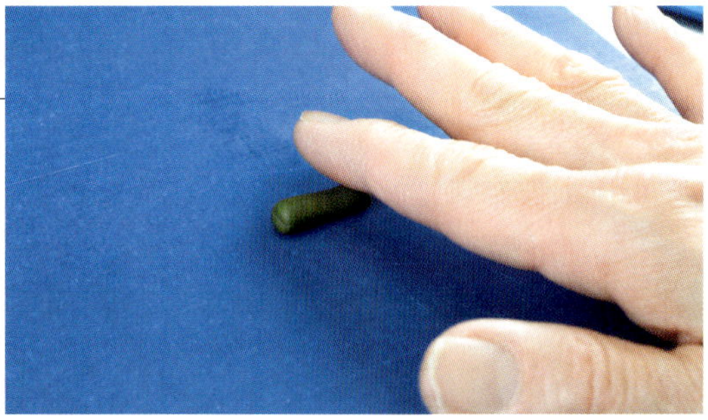

腕を作る。ジャケットの腕用のマジパン２個をそれぞれ丸め、台の上で転がして約3cm 長さの棒状にする。腕は乾かしておく必要があるので、工程中の早めの段階で作る。

8

長さの対比がほぼ3：4になるようにゆるく曲げ、肘を作る。短い方が肘から手先になる。

9

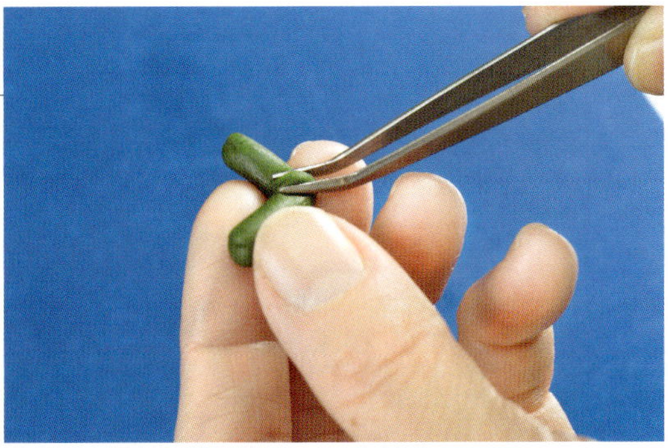

肘の部分をピンセットの背でかるくつまみ、シワをつくる。深くつけると乾いた時に切れてしまうのでそっとつまむ。

10

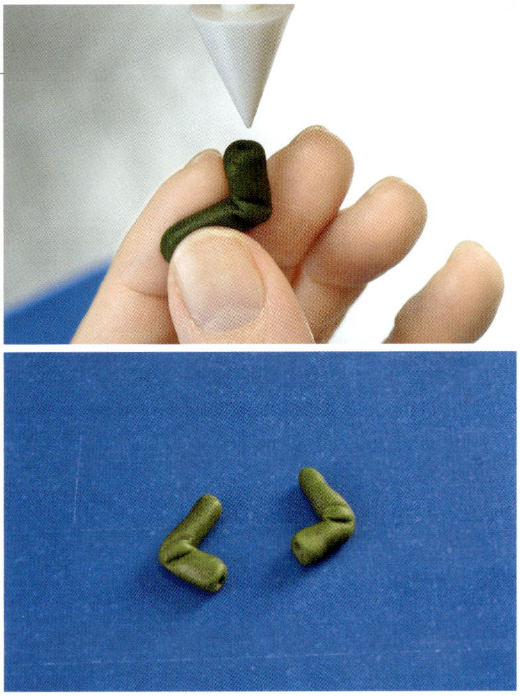

手先になる方の先端に円錐形スティックを刺し、1～2㎜深さのくぼみを作る。そのままおいて乾かす。後で花束を持たせるので、ある程度よく乾かしておく。もう片方の腕も⑧～⑩の工程を同様に行う。左右対称になるように、シワをつける向きに気をつける。

11

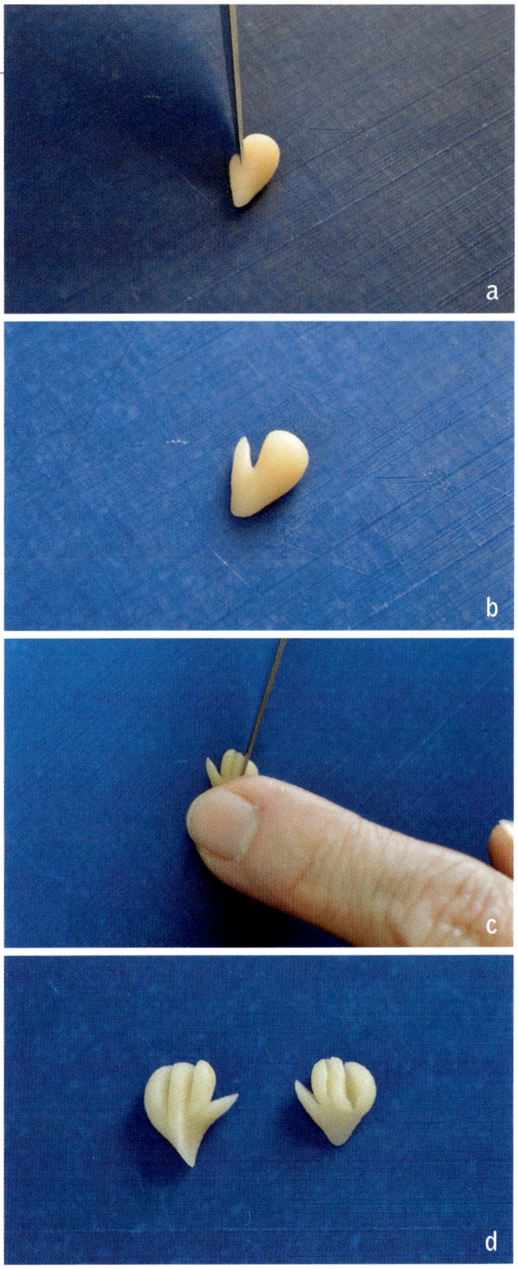

手を作る。手用のマジパン 2 個をそれぞれ手の平にのせて人差し指でよく丸め、指先の外側を端に当て、前後させてしずく形を作る。ナイフの刃先で、丸い側の幅 1/4 の所に切り込みを入れ、親指を作る（写真 a と b）。残った部分に等間隔に 2 本筋を入れ、指を作る（写真 c）。左右の手を作るので、もう一方は、先ほどとは幅の反対側 1/4 の所に切り込みを入れ、あとは同様にする（写真 d）。切り込みを入れると乾きやすくなり、手の甲が割れてくる。慣れない場合はナイフの背で跡をつけてもよい。小さいパーツは乾きやすいので、最初によく丸めること。

12

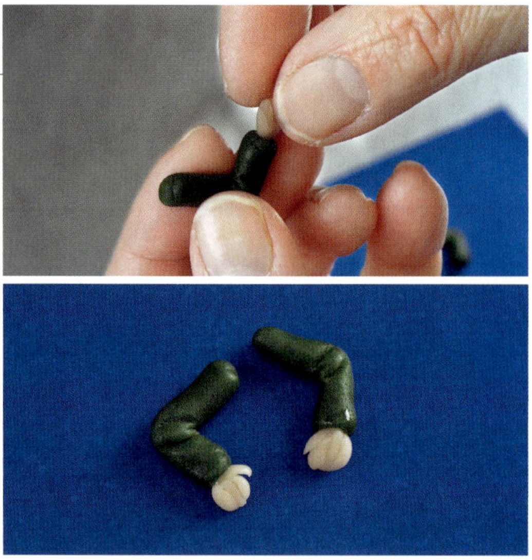

⑩の腕のくぼみにリキュールを塗り、手の尖った方を刺して接着する。手の指の向きと腕のシワの位置を確認し、間違えないように接着する。

13

ジャケットの胴体部分を作る。ジャケット胴体用のマジパンを①と同様に丸めてから、ローラーで直径4～5cmの円形に伸ばし、直径3cmの丸抜き型で抜く。

14

ナイフの刃先を台とマジパンの間にそっと差し入れてはがし、台を拭いて打ち粉を少量つけてから、ローラーで長さ約5cmの楕円形に伸ばす。

15

横長において上1/3のところをナイフで直線に切り取り、切った辺が中心に3cmほど残るように、左右の端を斜めに切り取る。

16

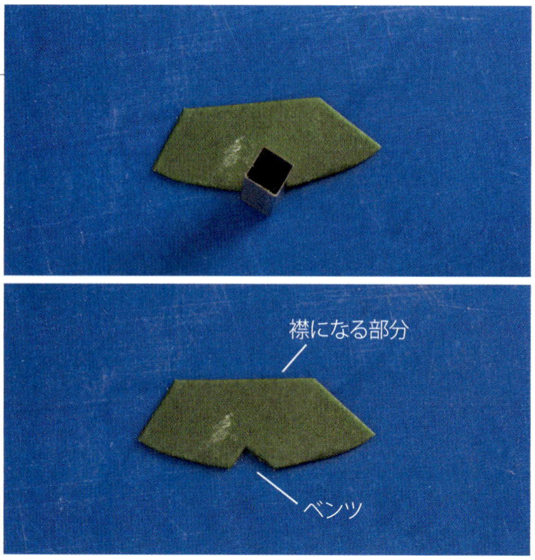

下の曲線の中央を、1辺5㎜の正方形の抜き型で三角に抜き取り、ジャケットの裾のベンツを作る。ナイフの刃先で切り取ってもよい。

17

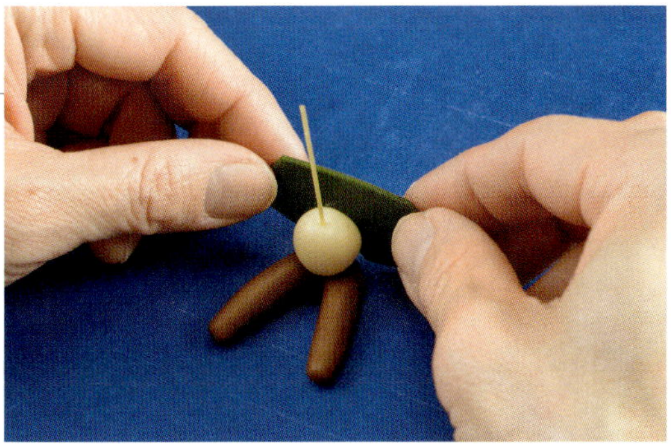

⑥を目線の高さにおき、ジャケットのベンツを⑥の胴体後ろ中心に合わせてつけ、胴体を包むように巻く。高さは、お尻が少し見え、ジャケットの裾が太ももに少しかかる位にする。

18

ジャケット首側の左右の端を、親指で少し外側に押してわずかに反らせ、襟を作る。

19

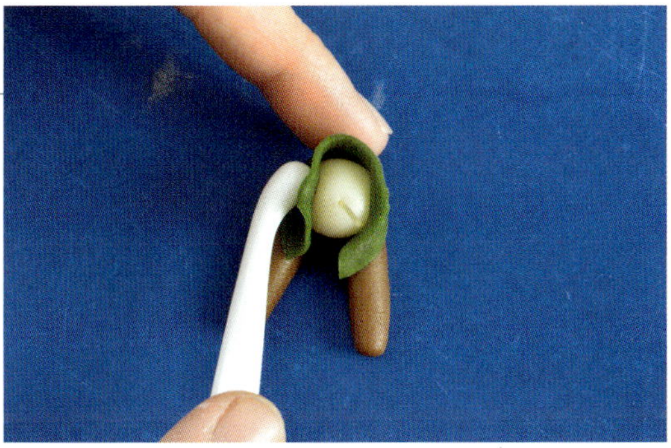

背中をかるく押さえながら、左右の肩の位置に、骨形スティックの小さい方を写真と同じ向きにして当て、腕をつけるくぼみを作る。

20

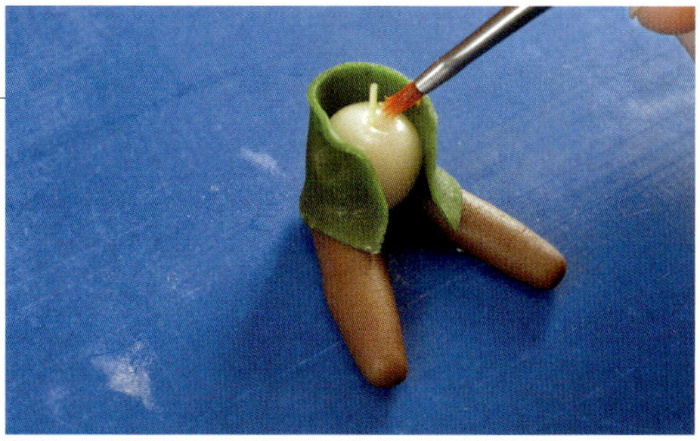

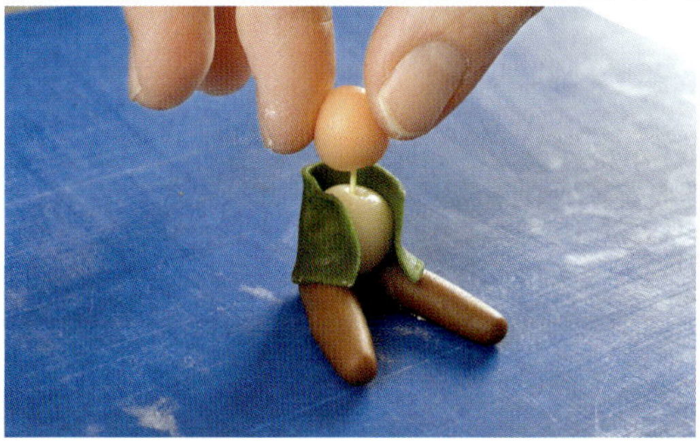

頭を作る。カッペリーニは1cm程残してハサミで切り、胴体の上の部分にリキュールを塗る。頭用のマジパンを①と同様にして球形に丸め、カッペリーニに刺してのせる。胴体を支えたいときは、胴体の脇を持つと跡がついても目立たない。

21

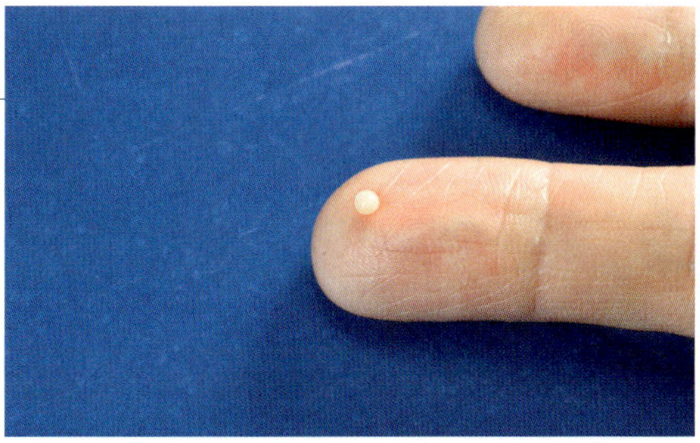

鼻を作る。頭と同じ色のごくわずかなマジパンの粒を手の平にのせ、指先で丸める。顔にリキュールを塗って鼻を接着する。

22

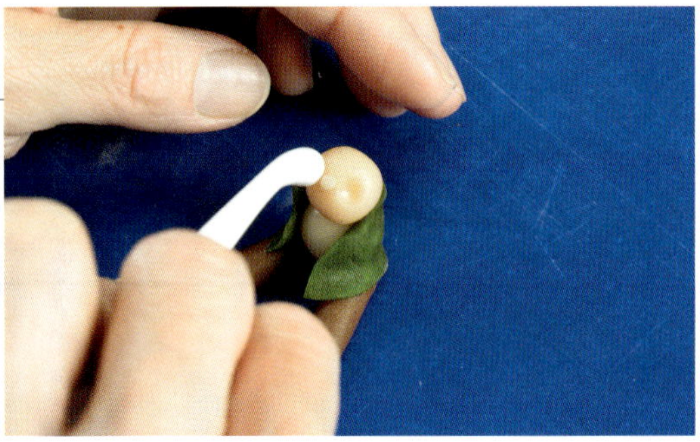

鼻の両脇の目の位置に、写真と同じ向きにした骨形スティックの小さい方を当て、浅いくぼみを作る。パーツはなるべく中心に寄せた方が子どもの顔らしくなる。

23

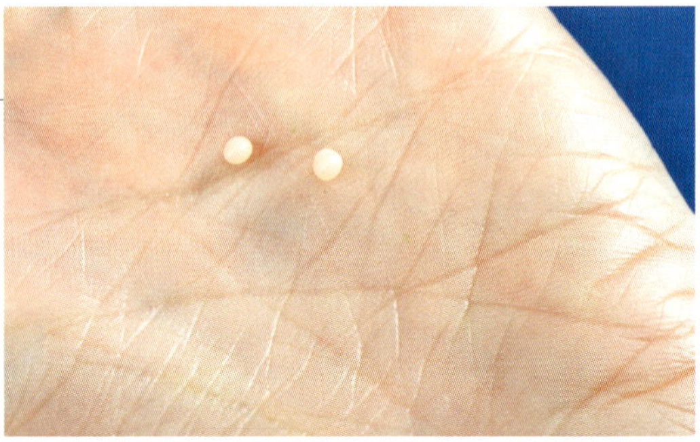

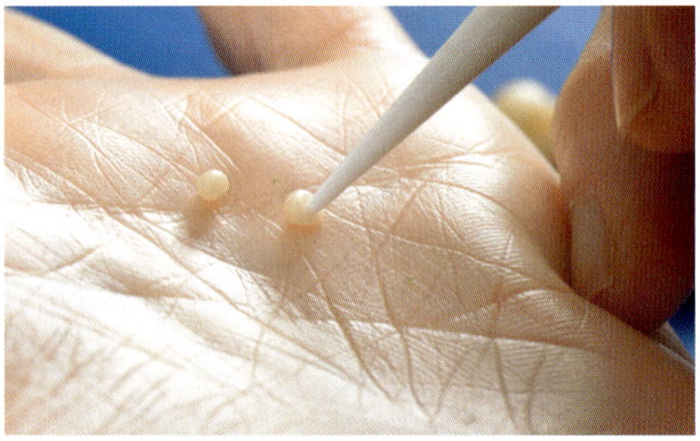

耳を作る。鼻より少し小さいか同じ位の大きさの球形2個を作る。球形の一方の端に串形スティックの先を当て、耳穴を作る。

24

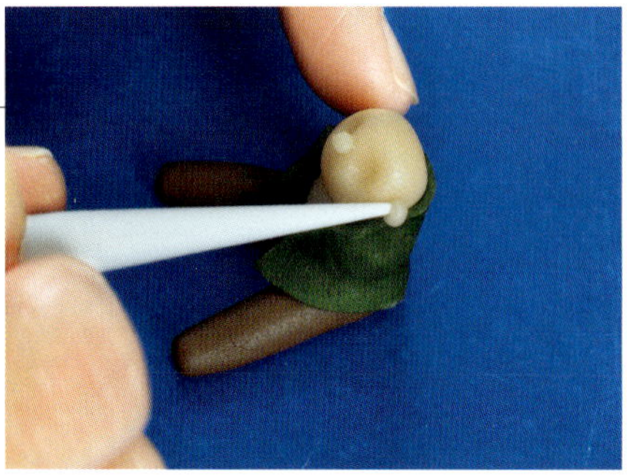

耳穴を顔側にし、頭の左右の側面につける。目の半分より上あたりの位置を目安に。

25

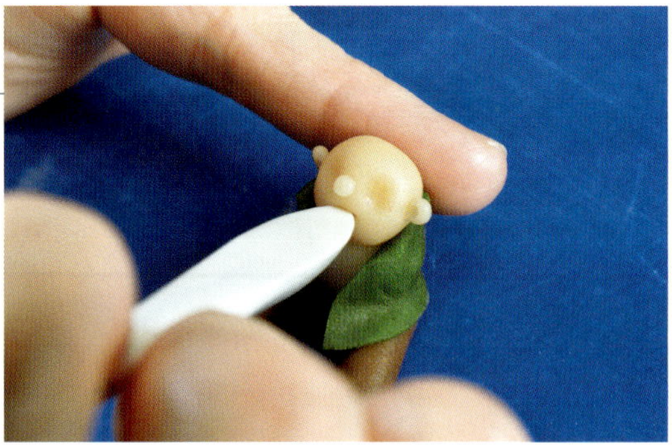

船形スティックを鼻の下にそっと刺し、口を作る。深すぎると顔が広がってしまうので注意。左手の薬指など、一番力が入らない指を頭の後ろに添え、やさしく支える。

26

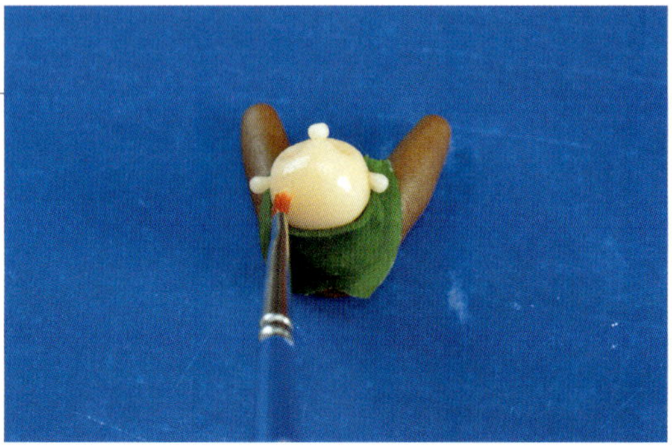

髪の毛を作る。頭全体にリキュールを塗る。塗りすぎると形が崩れるので注意。

27

ストレーナーの内側に髪用の薄茶色のマジパンを押しつけて外側に1～2㎜出し、ナイフの刃先で少量を削ぎ取る。

28

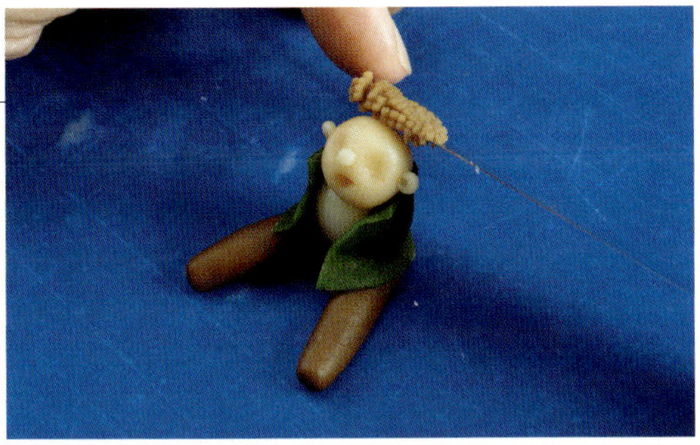

塊のまま、刃先から頭の上へ指先でそっと滑らせのせる。

29

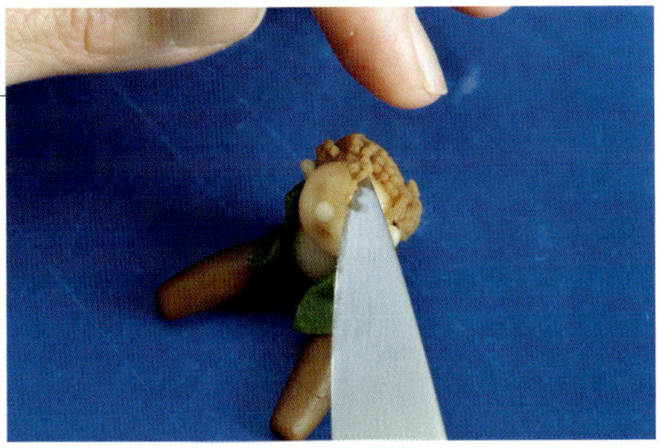

ごく少量ずつ㉗のマジパンを削ぎ取り、横と後ろの髪もつけ足す。さらに、前髪を2～3本足すと子どもらしくなる。

30

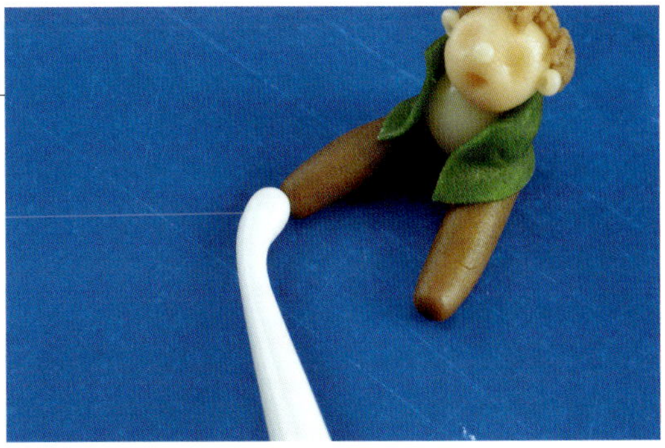

ズボンの先端を骨形スティックの小さい方で押し、わずかにくぼみをつける。

31

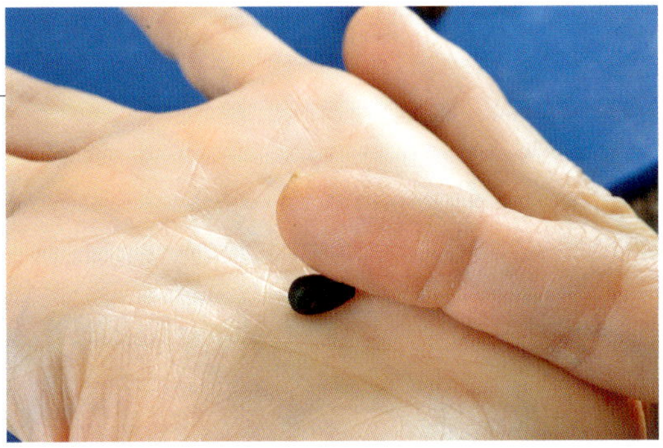

靴を作る。靴用のマジパンをそれぞれ手の平にのせ、人差し指でよく丸める。指先の外側を端に当て、前後させてしずく形を作る。

32

ズボンのくぼみにリキュールを塗り、細い方を下にして㉛の靴を接着する。靴先を少し外に向かせて斜めにつける。くぼみを作ると、平らな面よりも靴がしなやかにつく。

33

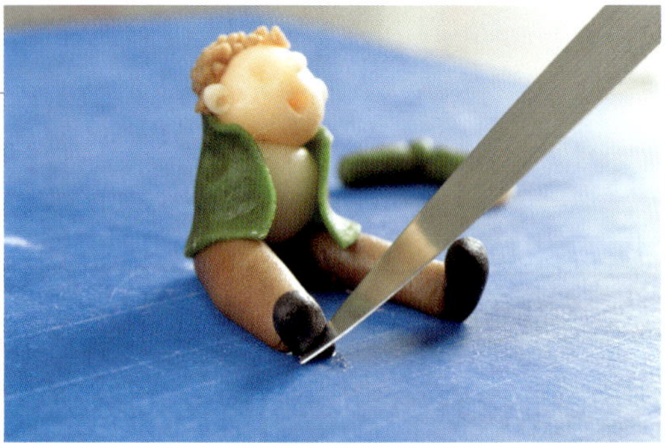

ナイフの背で靴底の下 1/4 のところに横に筋を入れ、靴のかかと部分を作る。ナイフでかるく押すことで靴を固定させる意味もある。

34

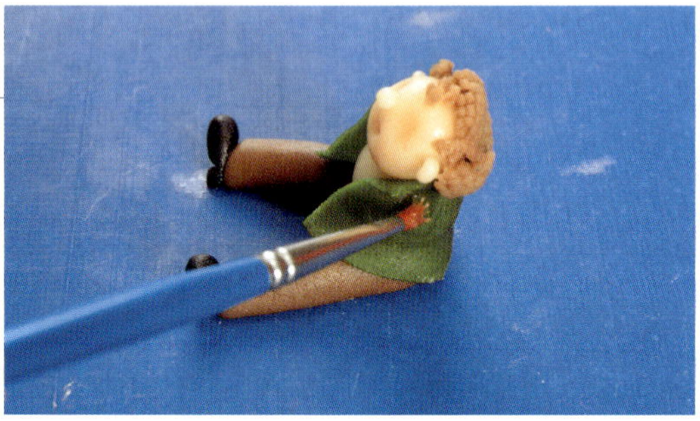

ジャケットの肩のくぼみにリキュールを塗る。⑫の腕を、左右の向きを確認して接着する。肘をズボンの上にのせると、支えができて安定する。

35

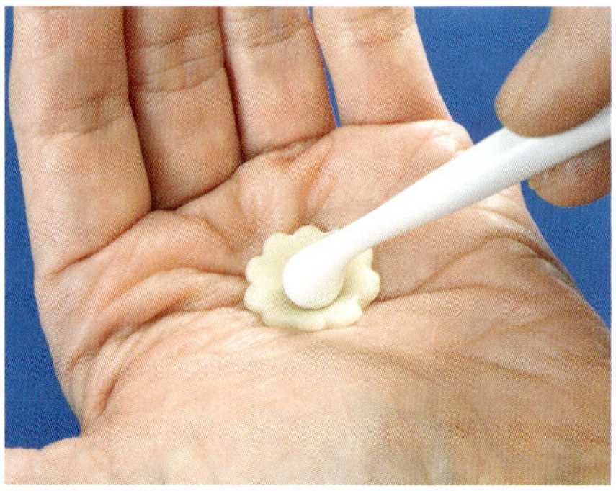

花束を作る。花束の土台用のマジパンを丸め、打ち粉をふった台においてローラーで厚さ 1㎜ほどに伸ばし、直径 2cm の菊型で抜く。手の平の中央にのせてくぼませ、骨形スティックで表面をなでるようにして自然な曲面を作る。

36

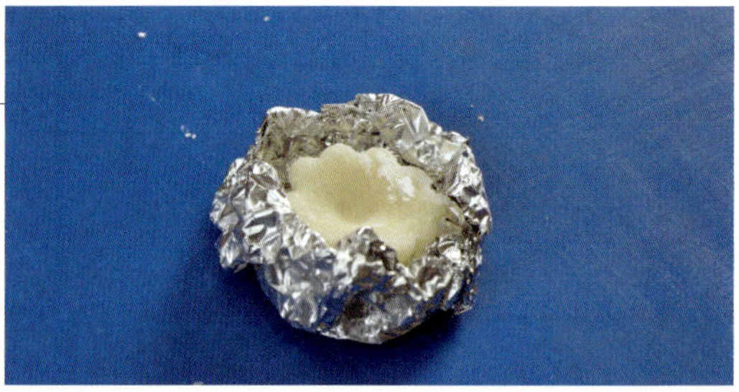

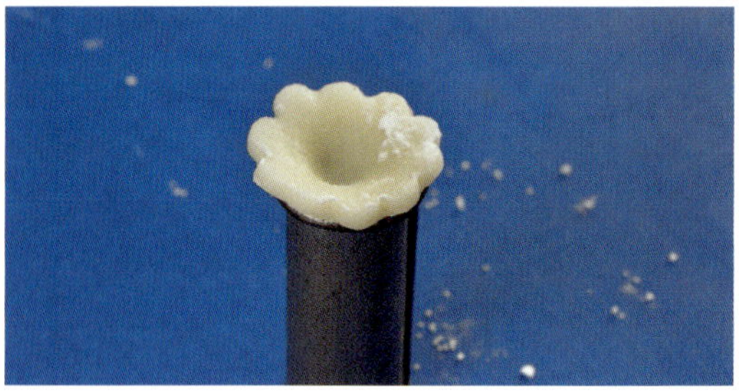

アルミ箔などで浅いカップを作って打ち粉をふり、その中に入れて乾かす。または、写真下のように細い円形の抜き型にのせる (うずらの卵のケースでもよい)。

37

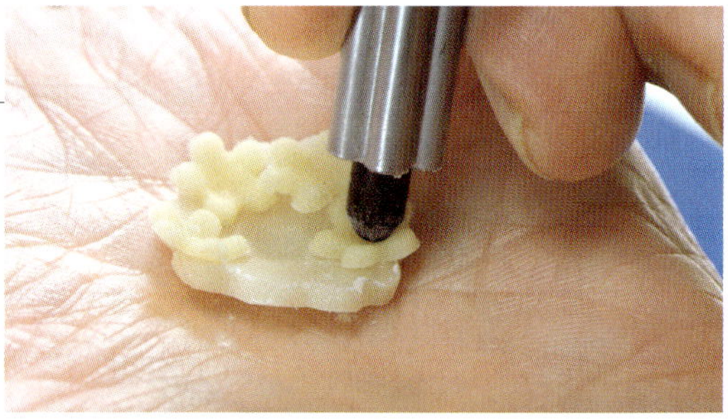

小花を作る。小花用のマジパンを丸め、打ち粉をふった台においてローラーで薄く伸ばす。プランジャー付き抜き型で抜き、そのまま㊱の土台の上に直接おく。土台の縁に等間隔に 5 個、中央に 1 個小花をつける。プランチャーの押し出す部分には、マジパンがくっつかないように必ず打ち粉をつける。この抜き型がない場合は、小花を作り、土台にかるくリキュールを塗って接着する。

38

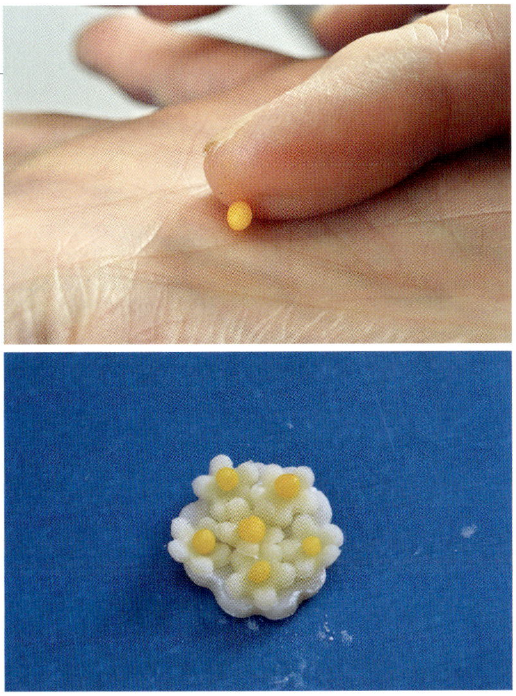

花芯を作る。花芯用のごくわずかなマジパンの粒を手の平にのせ、指先で丸める。小花それぞれにリキュールをうすくぬって、花芯をのせる。土台の下の中央を少しつまみ出し、持ち手を作る。

39

㉞の男の子の腕の上側にリキュールを塗る。手がかくれるように腕の上に花束をのせる。手の上にのせると、重みで手が落ちてしまうので注意。

40

白目を入れる。コルネにアイシングを入れ、先端をほんの少し切る。顔のくぼみに白目を入れる。「の」の字を書くように入れると、前に飛び出さずきれいに描くことができる。また白目は小さくなりがちなので、気持ち大きめに入れる。そのほうが黒目もしっかりつく。少し乾かす。

41

コルネに溶かしたコーティング用のチョコレートを入れ、先端をほんの少し切る。白目の上にちょんと置くようにし、上目がちに黒目を入れる。

女の子の作り方

材料

胴体
ピンク色のマジパン（5g）
腕
ピンク色のマジパン（1g × 2）
手
肌色のマジパン（0.1g ×2）
足
肌色のマジパン（1g）
襟
ピンク色のマジパン（1g）
袖口の飾り
ピンク色のマジパン（少量）
頭
肌色のマジパン（1.2g）
鼻
肌色のマジパン（少量）
髪
薄茶色のマジパン（7g）
髪飾り
濃いピンク色のマジパン（少量）
靴
焦げ茶色のマジパン（0.2g × 2）
目
アイシング、チョコレート

打ち粉用の粉糖
接着用の無色のリキュール、または卵白

1

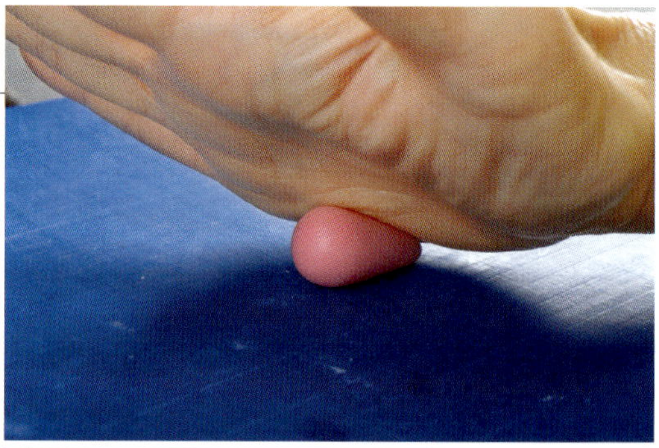

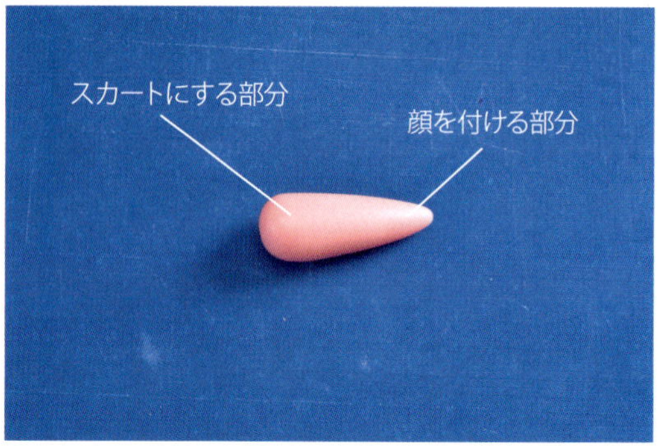

胴体を作る。胴体用のマジパンを手の平のくぼみでくるくると丸め、亀裂のないつややかな球形を作る。台か手の平にのせ、手の平の外側の腹を端に当て、前後に転がして、3.5cm 長さぐらいのしずく形を作る。手の平の上で転がすとより尖らせやすい。

2

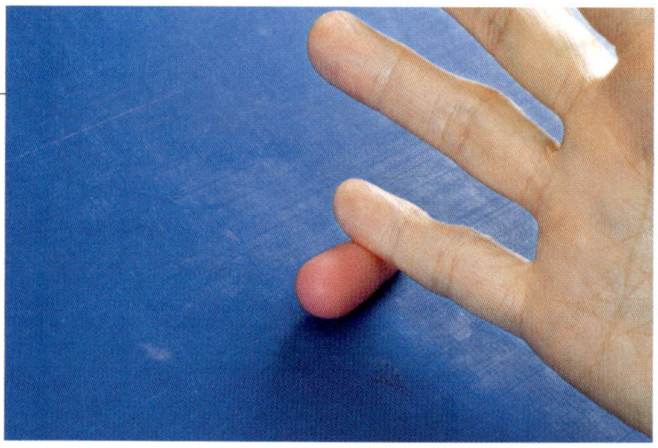

小指の先の外側を尖った方から 1/3 の所にあて、前後に転がしてわずかにくぼませ、ウエストを作る。

3

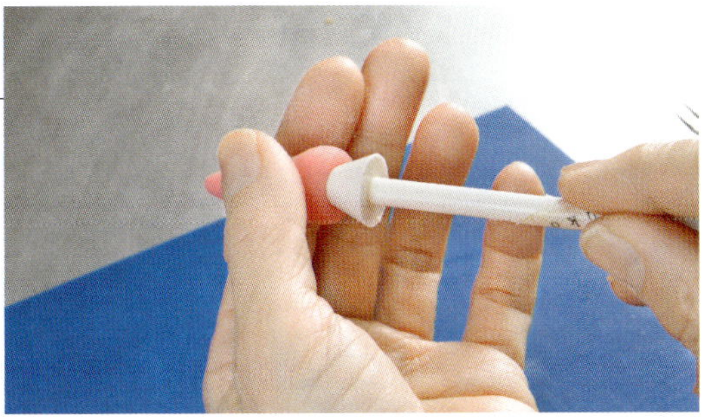

くびれを持ち、広がった方の面に円錐形スティックをねじりながら刺す。暑い日はマジパンがくっつかないように円錐形部分に打ち粉をつける。

4

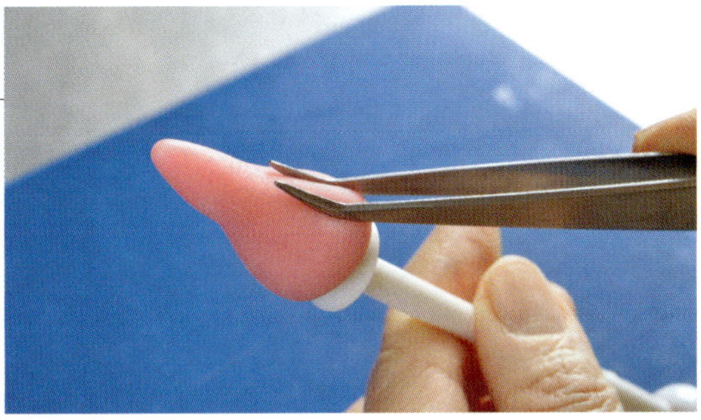

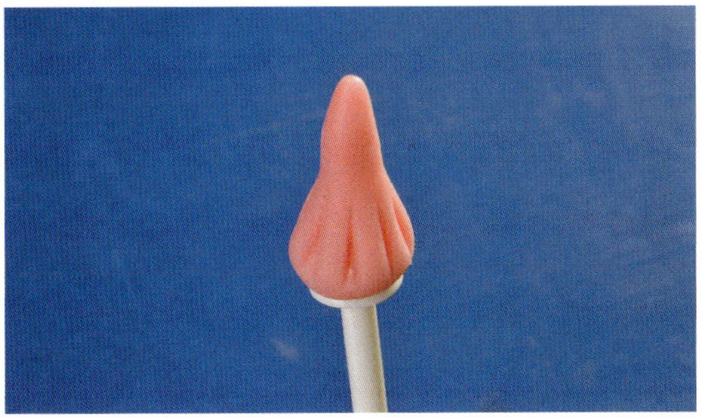

そのままピンセットの背でくびれから下の広がった部分のマジパンをつまみ、下に引く。この動作を1周繰り返し、スカートのひだを作る。

5

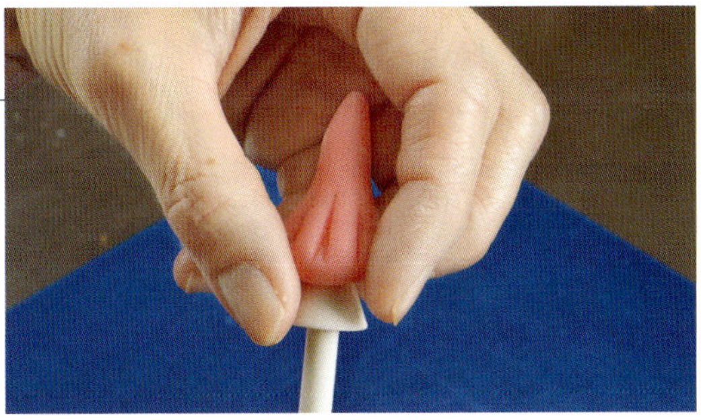

スカートの裾をもち、スティックを回しながらそっと引き抜く。無理に引っ張ると形が崩れるので慎重に。

6

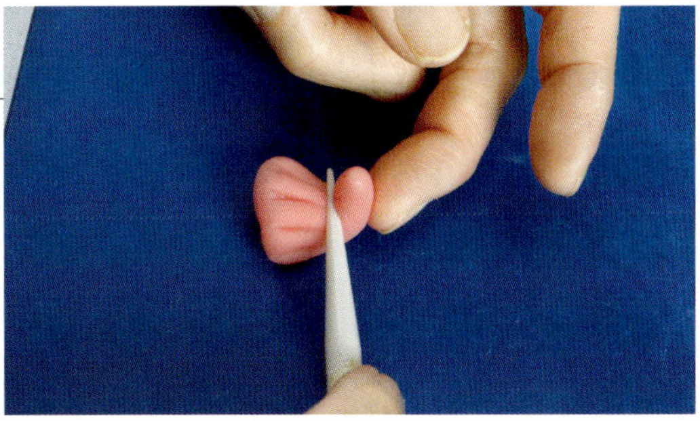

一番きれいな面を上にして台におき、串形スティックをウエスト部分に、指を背中に当てて手前側にそっと起こし、座ったポーズにする。

7

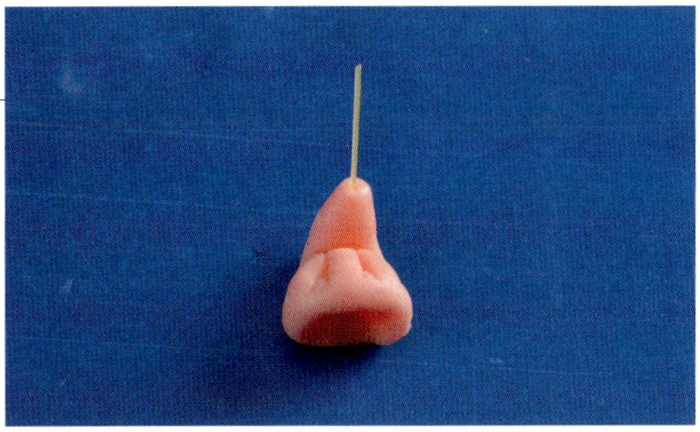

尖った先の部分に3～4㎝長さに切ったカッペリーニを垂直に刺す。

8

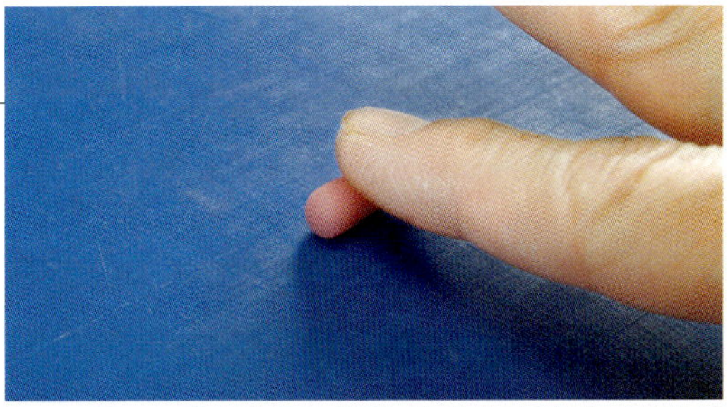

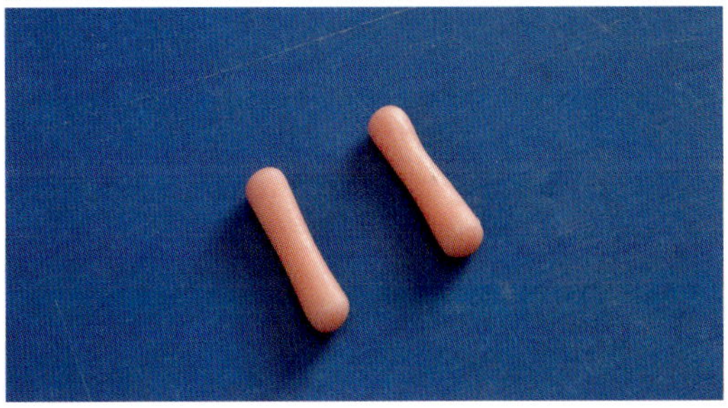

腕を作る。腕用のマジパン2個を①と同様にしてそれぞれよく丸め、台の上で転がして約3cm長さの棒状にする。男の子（101ページ）と同様、腕は乾かしておく必要があるので早めの段階で作る。

9

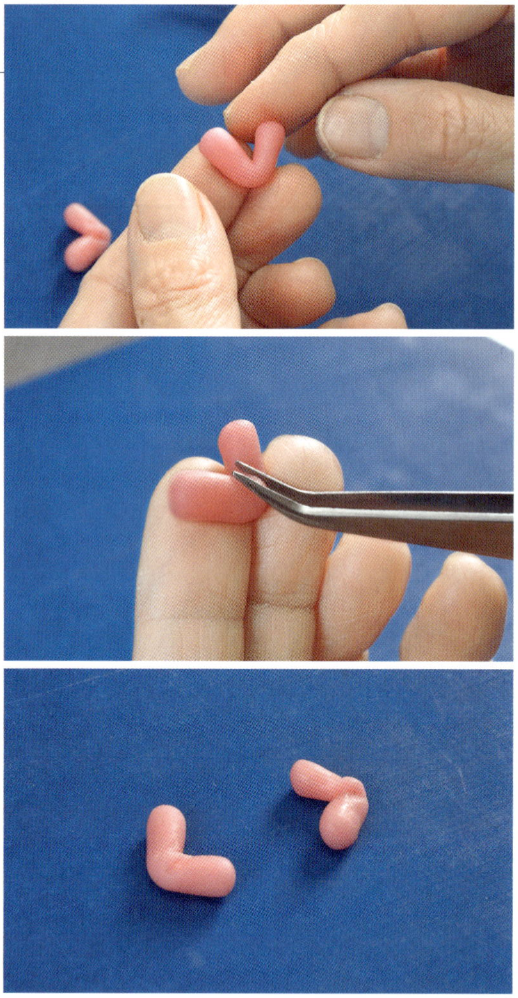

片方の端をわずかに太くして袖口を作る。袖口側を短くして3：4の長さになるようにゆるく曲げ、肘を作る。腕2本を左右対称におき、それぞれ肘の上側をピンセットの背でかるくつまみ、シワをつける。

10

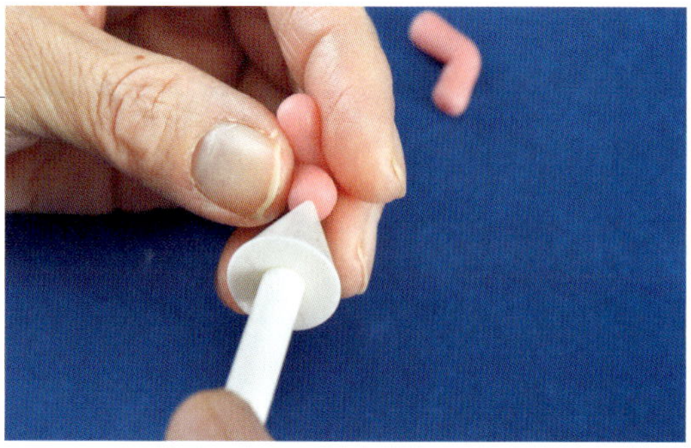

袖口の先端に円錐形スティックを刺し、小さい浅いくぼみを作る。何も持たせないので、男の子（101 ページ）より浅くてよい。そのままおいて乾かす。

11

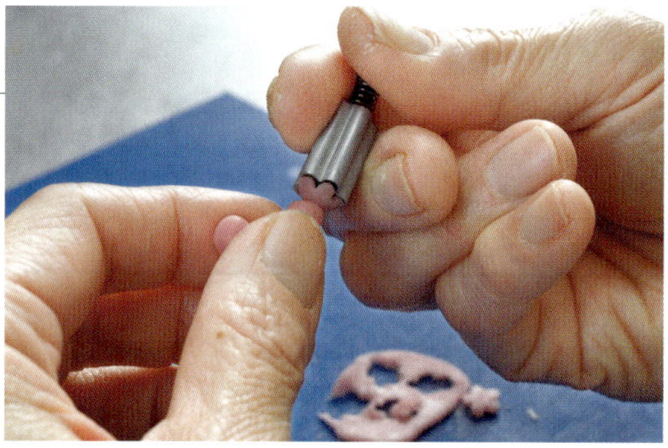

袖口の飾りを作る。袖口の飾り用のマジパンを丸め、打ち粉をふった台にのせて薄く伸ばす。小さい花形のプランジャー付き抜き型で抜き、直接袖口に接着する。袖口の飾りは省いてもよい。

12

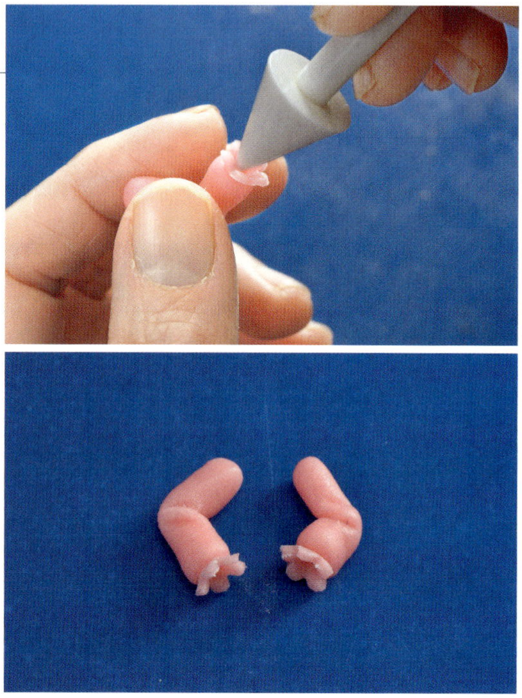

袖口につけた飾りの上から円錐形スティックを刺し、小さいくぼみを作る。

13

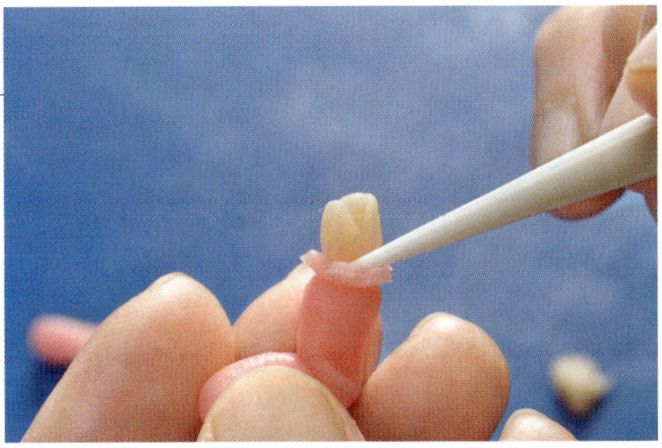

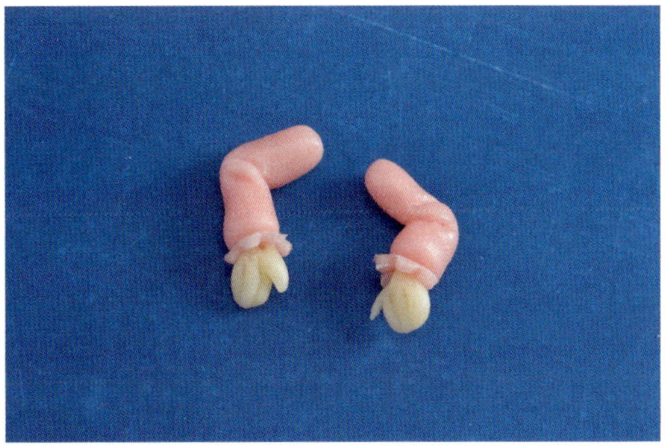

男の子（102 ページ）の手順⑪と同様にして手を作る。袖口にリキュールを塗り、手の尖った方を刺して接着し、串形スティックで根元を少し押さえ固定する。手の向きとシワの位置を確認し、間違えないように接着すること。

14

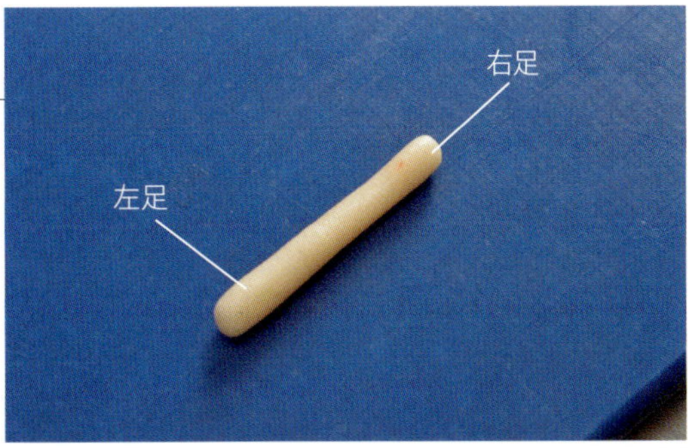

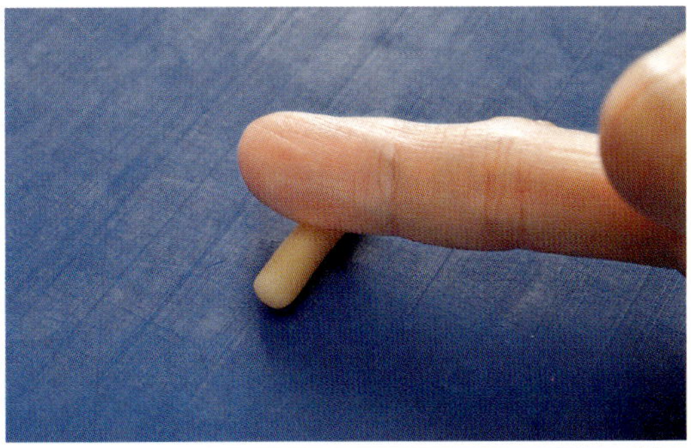

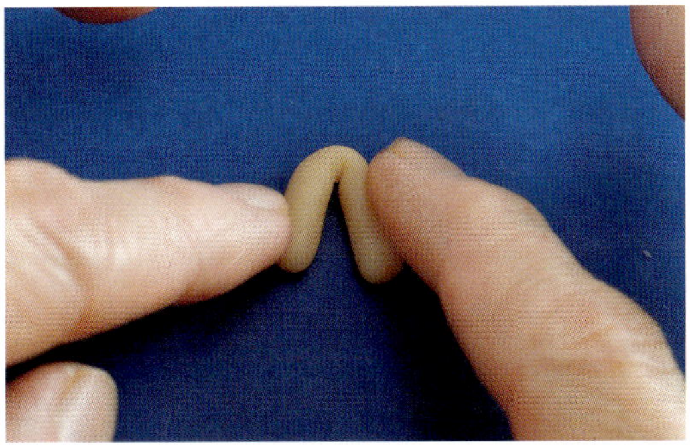

足を作る。足用のマジパンを①と同様に丸めてから台か手の上で転がし、約3cm の棒状にする。真ん中に小指の先の外側を当てて前後させ、浅いくぼみを作る。左右の外側に指を当て、くぼみを内側にして V 字に折る。

15

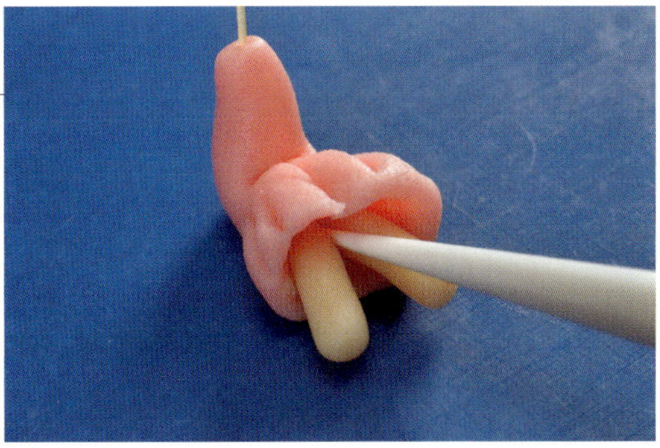

折れ目の内側に串形スティックの先端を添え、⑦のスカートの中に差し込む。

16

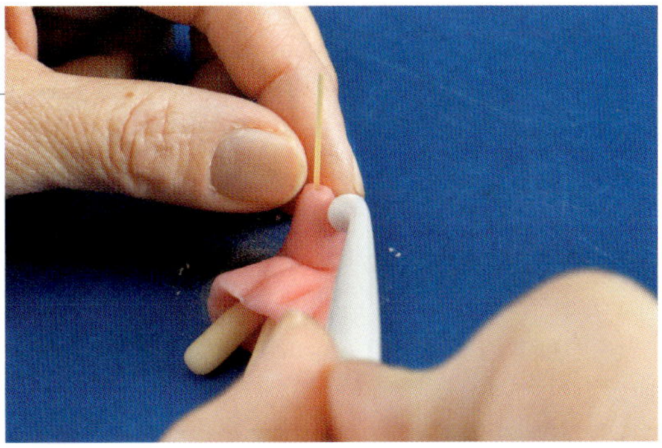

背中を指でかるく押さえながら、左右の肩の位置に、骨形スティックの小さい方を写真と同じ向きにして当て、腕をつけるくぼみを作る。

17

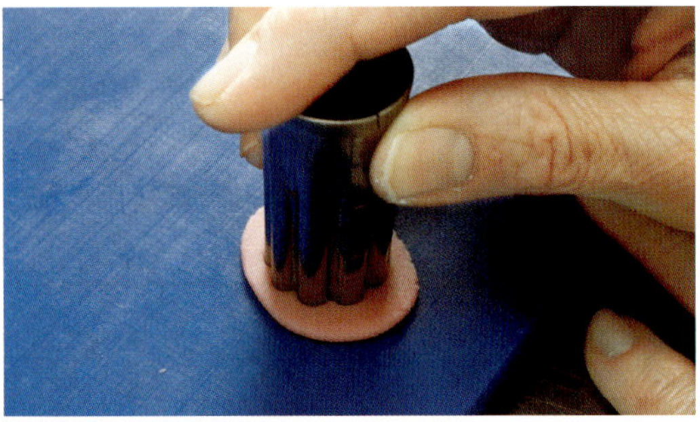

襟を作る。襟用のマジパンを①と同様に丸めてからローラーで厚さ2㎜の円形に伸ばし、直径2cm の菊型で抜く。

18

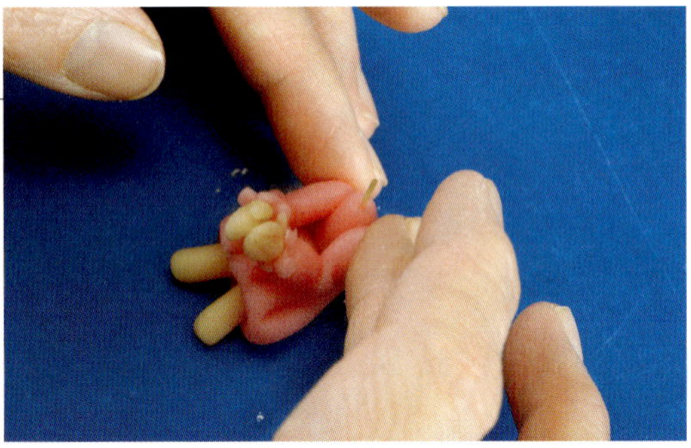

肩のくぼみにリキュールを塗り、スカートの上に肘がのるように⑬の腕を接着する。手の平を合わせる。手の平にリキュールをつけてもよい。

19

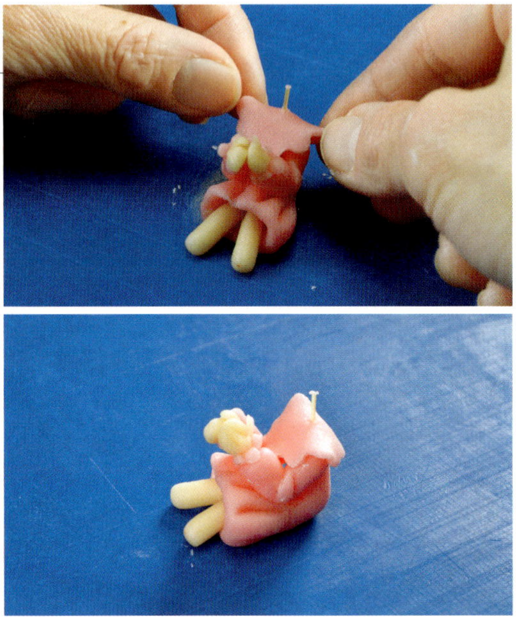

カッペリーニに⑰の襟を刺し、襟を折って胴体につけ、固定する。

20

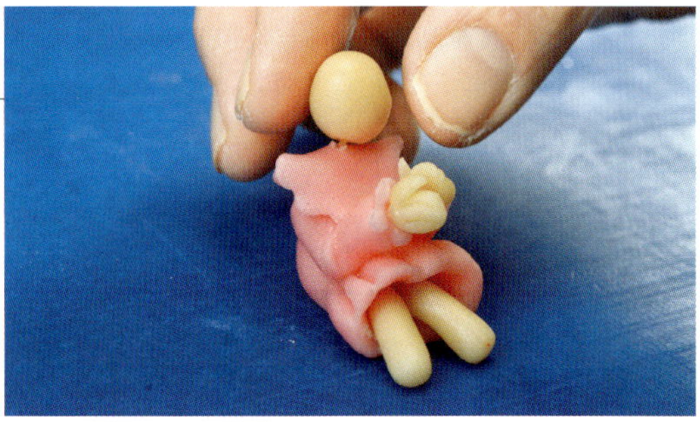

頭を作る。頭用のマジパンを①と同様に球形に丸める。襟の上にリキュールを塗り、少し左肩にかたむけながらカッペリーニに刺して接着する。

21

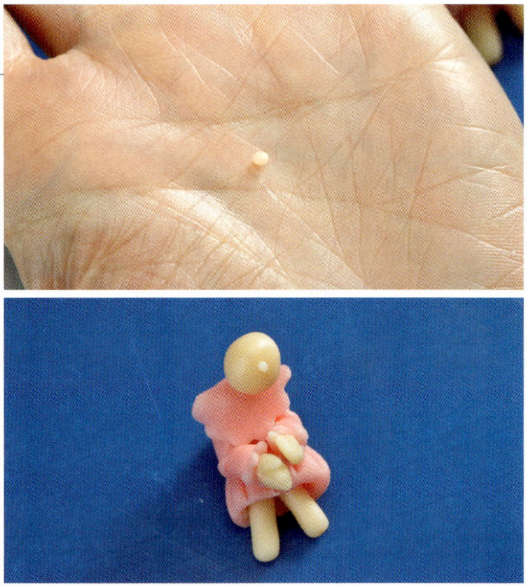

鼻を作る。ごくわずかな肌色のマジパンの粒を指先で丸める。男の子の鼻より少し小さくする。顔にリキュールを塗り、鼻を接着する。

22

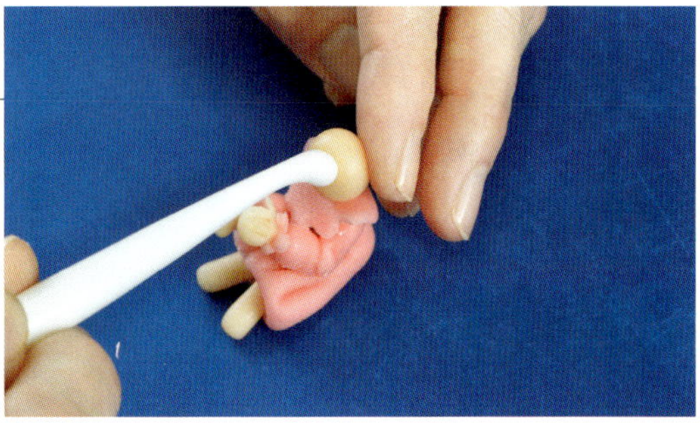

背中を指でかるく支えながら、骨形スティックの小さい方を写真と同じ向きにして鼻の両脇の目の位置に当て、浅いくぼみを作る。

23

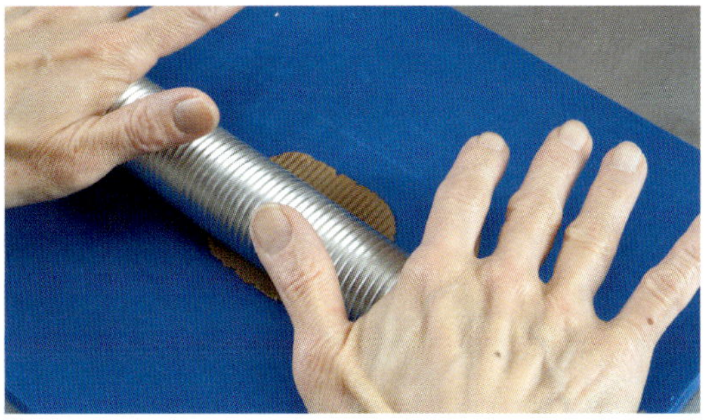

髪を作る。男の子の髪（105 ページ）と同じ色のマジパンを丸め、ローラーで適当な形に伸ばす。厚さは 3㎜が目安。縦縞のついたローラーを中央におき、かるく力を入れて上に転がし、力を抜いて元の位置に戻す。下も同様に転がし、全体に縦模様をつける。下から上へ続けて転がすと、マジパンがつくので注意。

24

上下左右を切り取って、縦模様の長方形にする。まず、前髪用に、5㎜幅の帯状に切って、さらに 2.5cm 長さに切る。

25

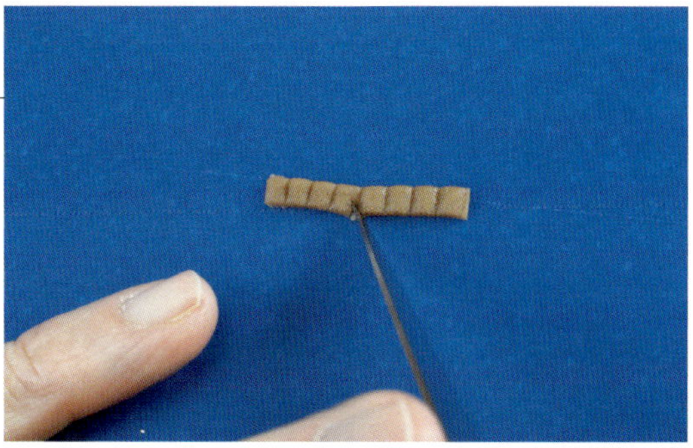

中央をナイフの刃先で三角に切り取って、前髪の分け目を作る。

26

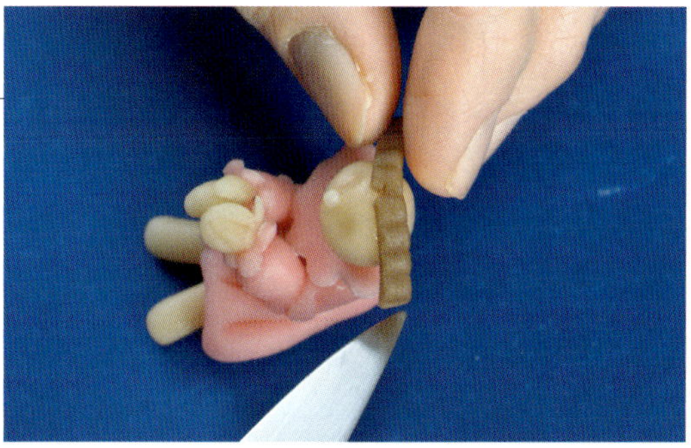

㉒の頭全体にリキュールを塗る。ナイフの刃先に㉕の前髪をのせ、分け目の切り込みが頭の中心にくるようにして、頭頂部より少し手前側にのせ、顔にそわせてそっと接着する。

27

後ろの髪を作る。㉔の残りのマジパンを直径 13㎜の丸抜き型で抜く。

28

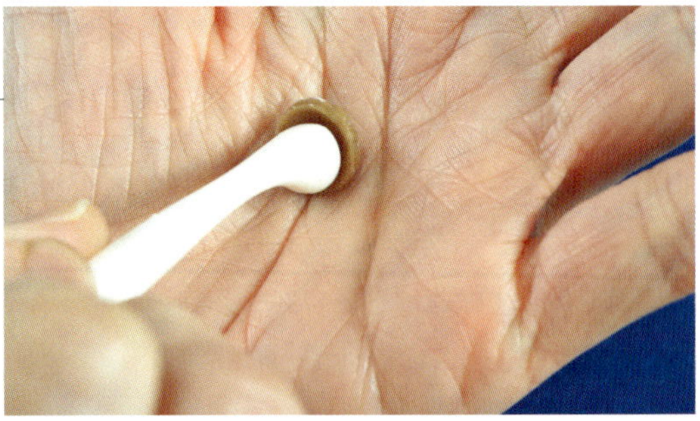

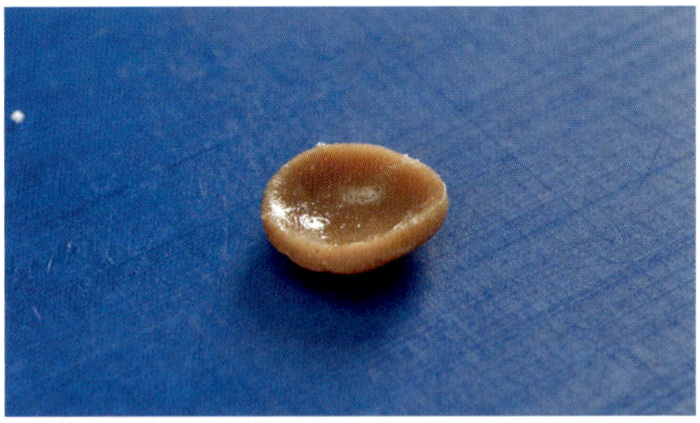

筋のついた面を下にして手の平の中央にのせる。手の平を少しくぼませ、骨形スティックで表面をなでるようにして自然な曲面を作る。

29

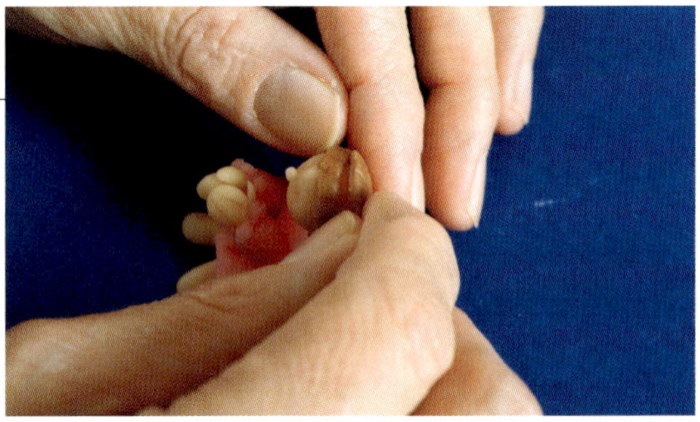

㉘の後ろの髪に少しリキュールをつけ、縦筋を前髪とそろえて後頭部に接着する。

30

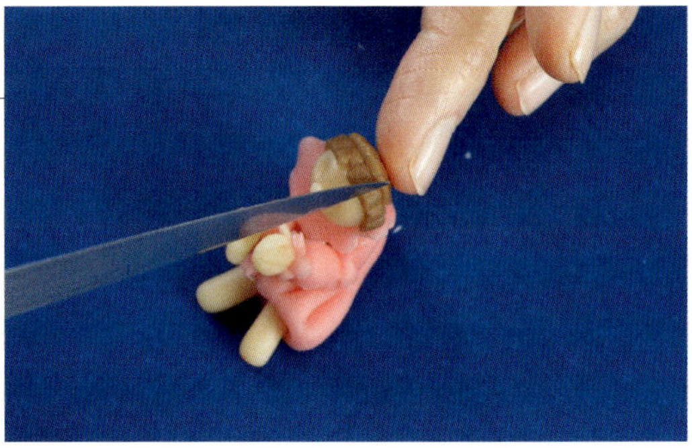

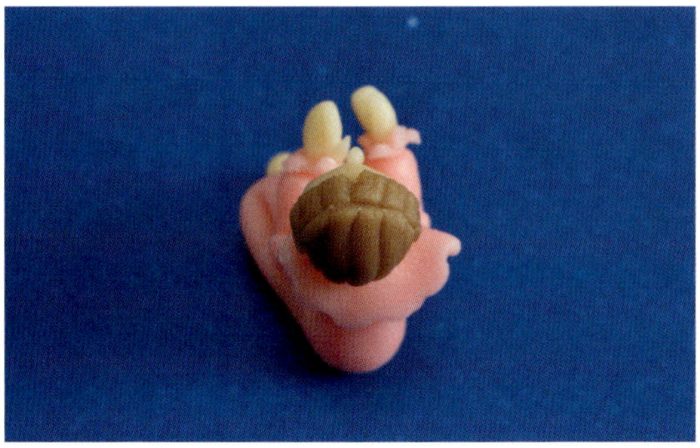

ナイフの背を使い、前髪と後ろ髪のつなぎ目をそっとつける。力を入れ過ぎると顔も体もつぶれてしまうのでやさしく。写真右は、前髪と後ろの髪をつけた状態。前髪と後ろ髪の筋をそろえると、見た目がきれいに。

31

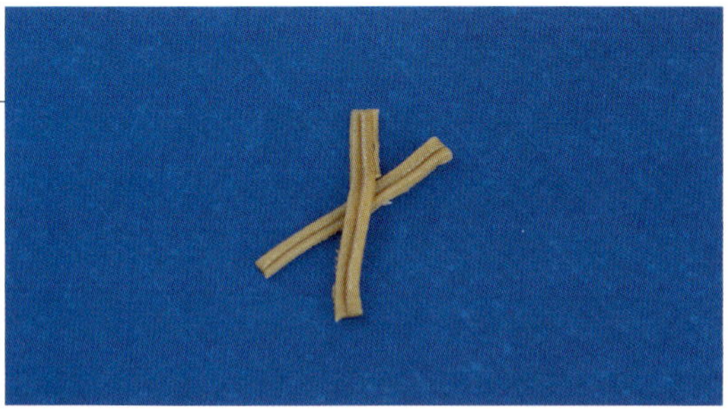

三つ編みを作る。㉗の髪用の残りのマジパンをさらに薄く伸ばし、縦筋に沿って2㎜幅の帯状に2本切る。後で切るので長さは適当でよい。 2本をクロスさせて重ねる。

32

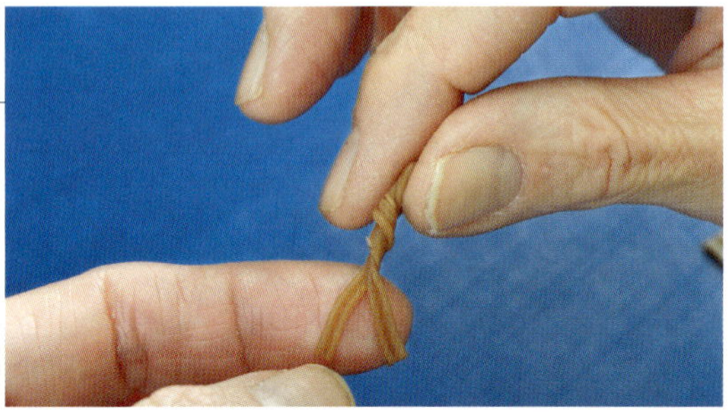

重なった部分を持ち、両端の2本をそっとねじっていく。髪を縦に編んだものができる(写真下)。ナイフで2等分する(長ければ 1.2cm 程に切る)。

33

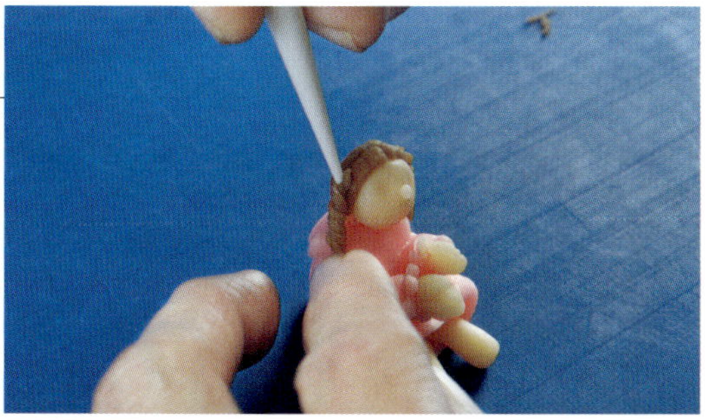

頭の側面の斜め上にリキュールをつけ、串形スティックを㉜の三つ編みの端につけ、そのままリキュールを塗ったところに接着する。写真下は、三つ編みをつけた状態。襟に自然に触れるようにつける。

34

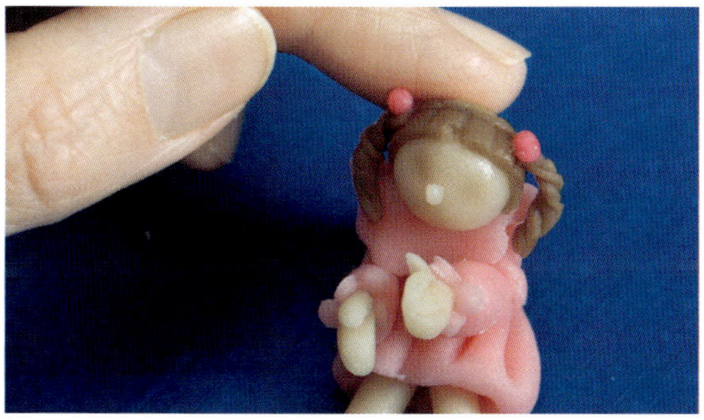

髪飾りを作る。髪飾り用のマジパンで、男の子の耳くらい（104 ページ）の大きさの球形を2個作る。飾りにリキュールをつけ、三つ編みの根元に指でそっとつける。飾りをつけると三つ編みも取れにくくなる。

35

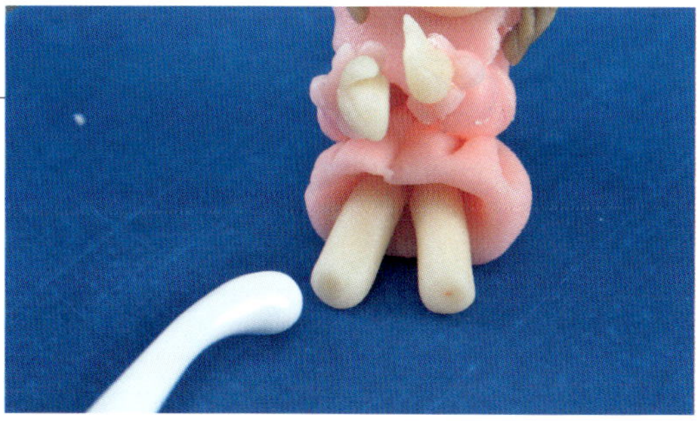

足の先端に骨形スティックの小さい方をあてて、浅いくぼみを作る。

36

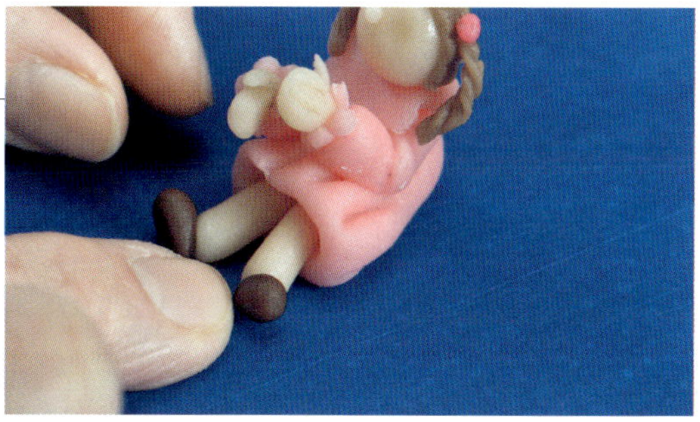

男の子の手順㉛と同様に、靴用のマジパンで靴を作る。足のくぼみにリキュールを塗り、男の子と同様に、細い方を下にし、靴先を少し外に向かせて斜めに接着する。

37

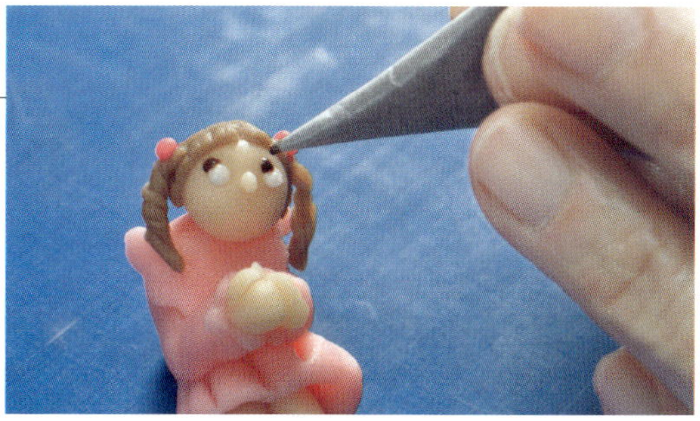

男の子の手順㊵㊶と同様に白目と黒目を入れる。女の子は台に飾ったときに少し男の子の方を見ているように入れる。

5cm舞台の作り方

□用意するもの

- マジパン（直径5cm球・約50g）
- ショートニング
- 直径5cm・高さ3cmの土台　（発砲スチロールを利用）
- ボード
- ローラー
- ピザカッターまたは、ナイフ
- ハサミ

1

マジパンの接着用として、土台の上部と側面に指でショートニングを塗る。乾きやすいので、接着する直前に塗ること。

2

マジパンを球形に丸めてボードにおき、ローラーで2～3㎜厚さの円形に伸ばす。土台に当てて全体が包み込める大きさになればOK。

3

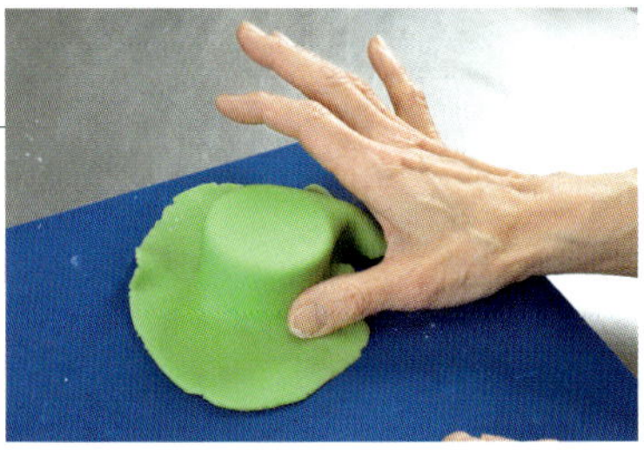

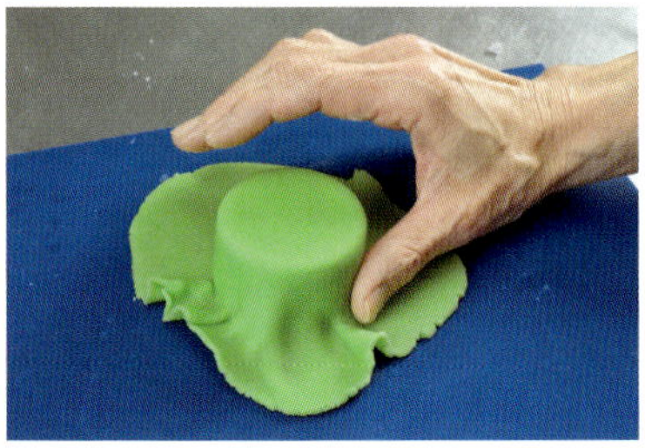

土台にかぶせ、空気を抜きながらヒダができないように少しずつ側面につける。親指の腹や小指の側面を使うと跡が残らない。

4

すその余った部分を5㎜～1cm程残してピザカッターで切り、さらに土台の輪郭にそって切り落とす。はみ出た細かい部分はハサミで切り取る。

完成

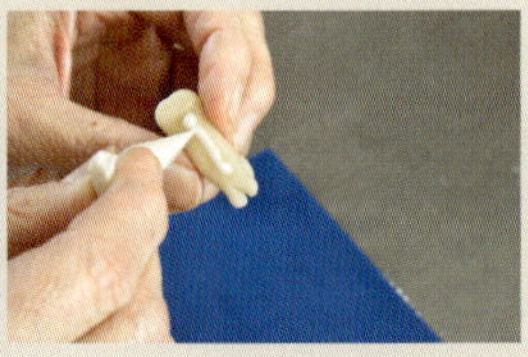

舞台に接着する場合は、リキュールか卵白をマジパン細工に塗って固定する。跡が残るので1度おいたら動かさない。

マジパンの着色

□用意するもの

・マジパン
・食用色素
・つまようじ
・ボード
・ローラー

まず、原色をつくる

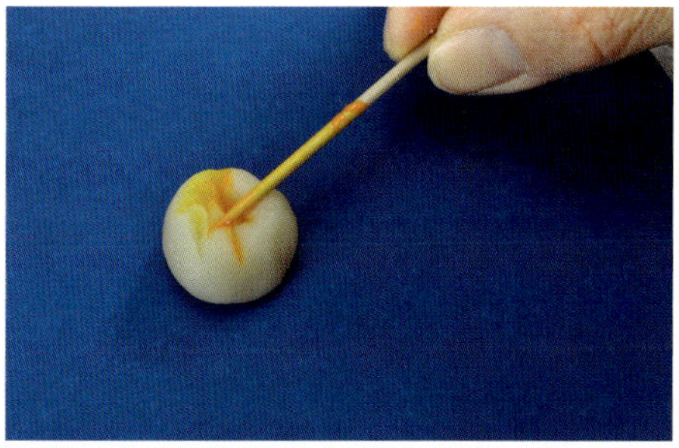

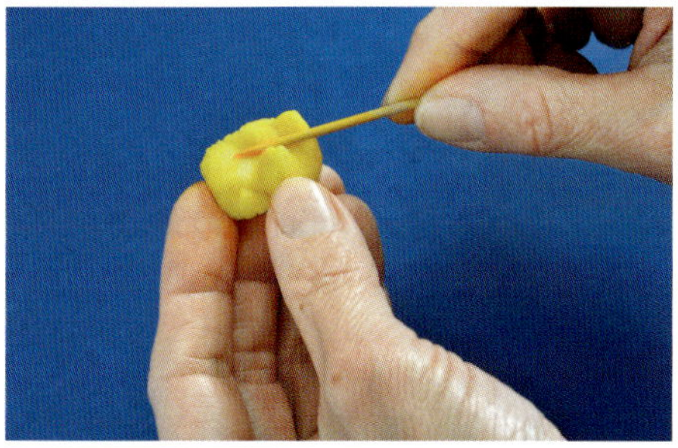

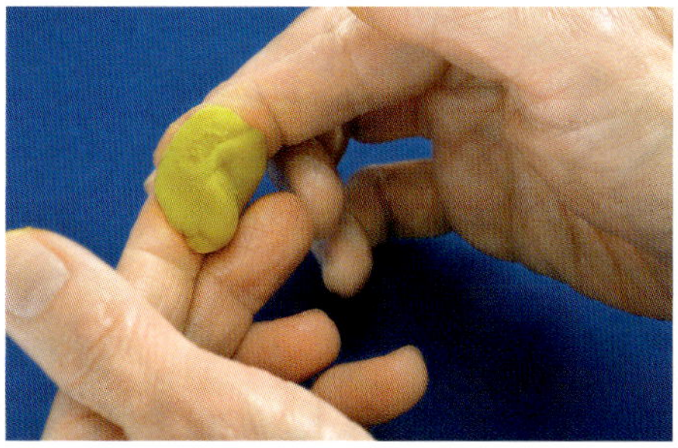

着色したいマジパンの一部を取って丸め、中央にくぼみを作る。つまようじの先につけた食用色素をくぼみに塗り、繰り返し練り込んで色素を全体にのばす。色合いを見ながら少しずつ色素を足し、色素と同じ色の濃さのマジパンを作る。こうして基準色を作っておくと、1色ずつ調合するより簡単にバリエーションが作りやすく、再び同じ色を正確に作りやすい。

色の調節

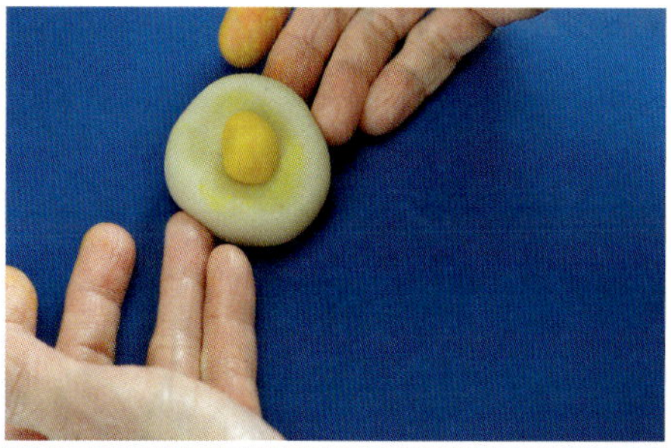

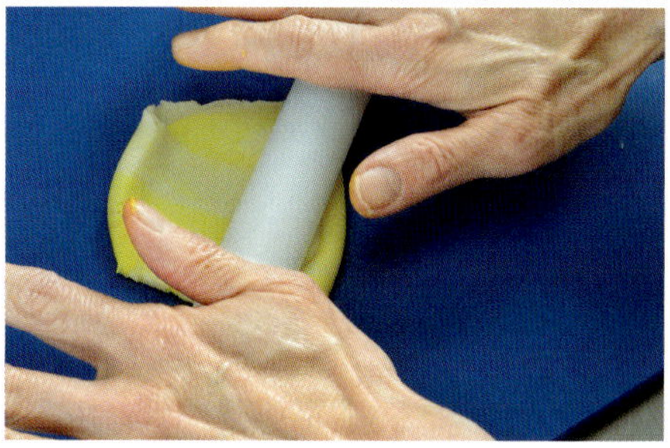

伸ばした未着色のマジパンの上に原色のマジパンの一部をのせ、包み込んで繰り返し練り込み馴染ませる。ローラーで伸ばして折り畳む作業を繰り返すと、手早く均等に馴染みやすい。作りたい色になるまで少しずつ原色のマジパンを足していく。

マジパンは作業に入る前に使う分の着色をし、計量もして丸めておく。乾かないように色別にラップで包んで準備しておく。

コルネの作り方

□用意するもの

・グラシン紙（底辺 17.5cm、残り 2 辺 12cm の二等辺三角形に切る）

1

グラシン紙を二等辺三角形に切る。長い辺の真ん中をつまみ、その辺が縦になるように持つ。

2

反対の手で上の角を持って内側にクルクルと巻き、巻きが戻らないように、辺を持っていた指で軽く押さえる。

3

押さえている部分をとがらせながら巻き進め、細い円錐形にしていく。

4

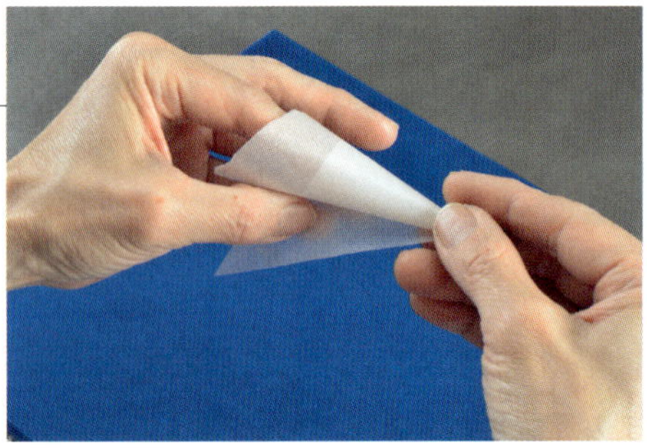

巻き終わりに近づいたら、先端を隙間なくとがらせ、シートがたるんでいたらしっかり巻き、きれいな円錐形を作る。

5

巻き終わりの角を内側に折り込み、留める。絞る量をコントールしやすい、口の細いコルネが完成する。使う際は、中にアイシングやチョコレートなどの材料を入れてから、先端をハサミで少しだけ切る。

コルネでせまい部分に描くのは難しい。いきなりマジパンに描かず、ボードの上に出して太さを確認し練習しておく。

マジパン細工の材料

マジパン

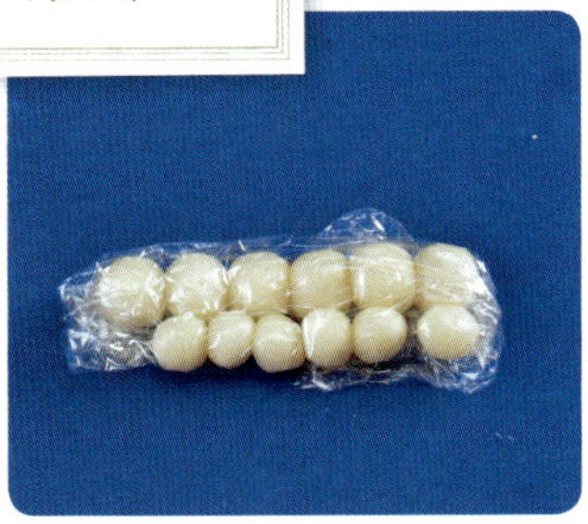

「マジパンペースト」と表記されているマジパン細工専用のものであれば、どこのメーカーでも。開封したらラップに包み密閉袋に入れて冷蔵庫で保存し、消費期限内に使いきる。

粉 糖

マジパンに練り込んで硬さを調整したり、作業中の打ち粉として使う。できれば、製菓材料専門店で販売されている、コーンスターチの入っていない純粋な粉糖を選んで。

リキュール

リキュールは蒸発するので、マジパンが水分で溶けたり色落ちせず、跡も残らない。ホワイトラムやキルシュヴァッサーなど、無色のリキュールを。

卵 白

リキュール同様、接着剤に使う。リキュールより接着力は強いが、はみ出すと乾いた時に光って跡が残るので、塗りすぎには気をつける。

アイシング

白目を描くときや様々なデコレーションに。卵白、粉糖、レモン汁を合わせて作り、すくったときもったり落ちる位の硬さにするのがコツ。レモン汁を加えるとツヤがよくなる。

チョコレート（パータ・グラッセ）

コーティング用のチョコレートを湯煎で溶かし、コルネに入れて目や眉を描くのに使う。湯煎の温度は商品によって違うので、必ず表示の確認を。

カッペリーニ

※もし、少し大きめのマジパン細工を作る場合は、スパゲッティなどやや太めのものを使うとよい。

人形の胴体と頭を接着させるときなど、マジパンの中心に刺して、パーツ同士をつなぎ固定させる。太いとマジパンの形が崩れやすいので、細いカッペリーニがおすすめ。

食用色素

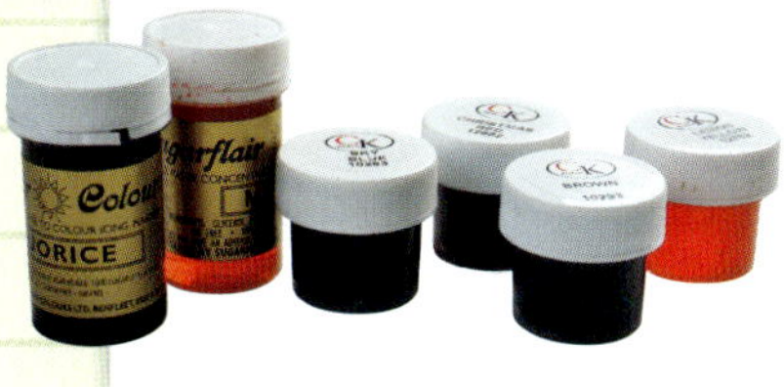

粉末、ジェル状、液体などがあるが、最初はなるべく量が少ないものを購入して。初心者は、国産の色粉をリキュールで溶いて使うのがおすすめ。

マジパン細工の道具

ボード

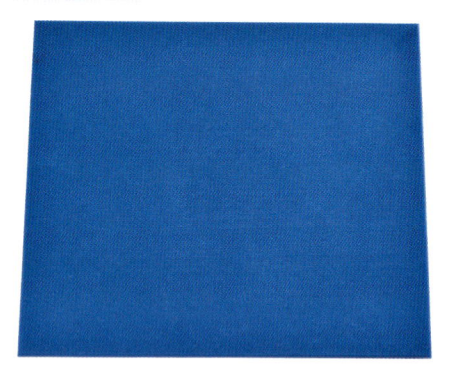

跡がつかない表面がツルツルの板状のものであれば、何でもOK。最初は 25 × 17cm 程の小さいサイズで充分。

すべり止めシート

ホームセンターなどで手に入るすべり止めシートをボードの下に敷くと、安定して作業しやすい。濡れた布巾で代用しても。

マジパンスティック

骨形大　骨形小

円錐形　ボール形

ギザギザ形大　ギザギザ形小

串形　棒形

船形　V 字形

全 12 種類のうち、この本で使用した基本的なものはこの5種類。中でもいちばん上の骨形は最もよく使うので、必ず用意したい。

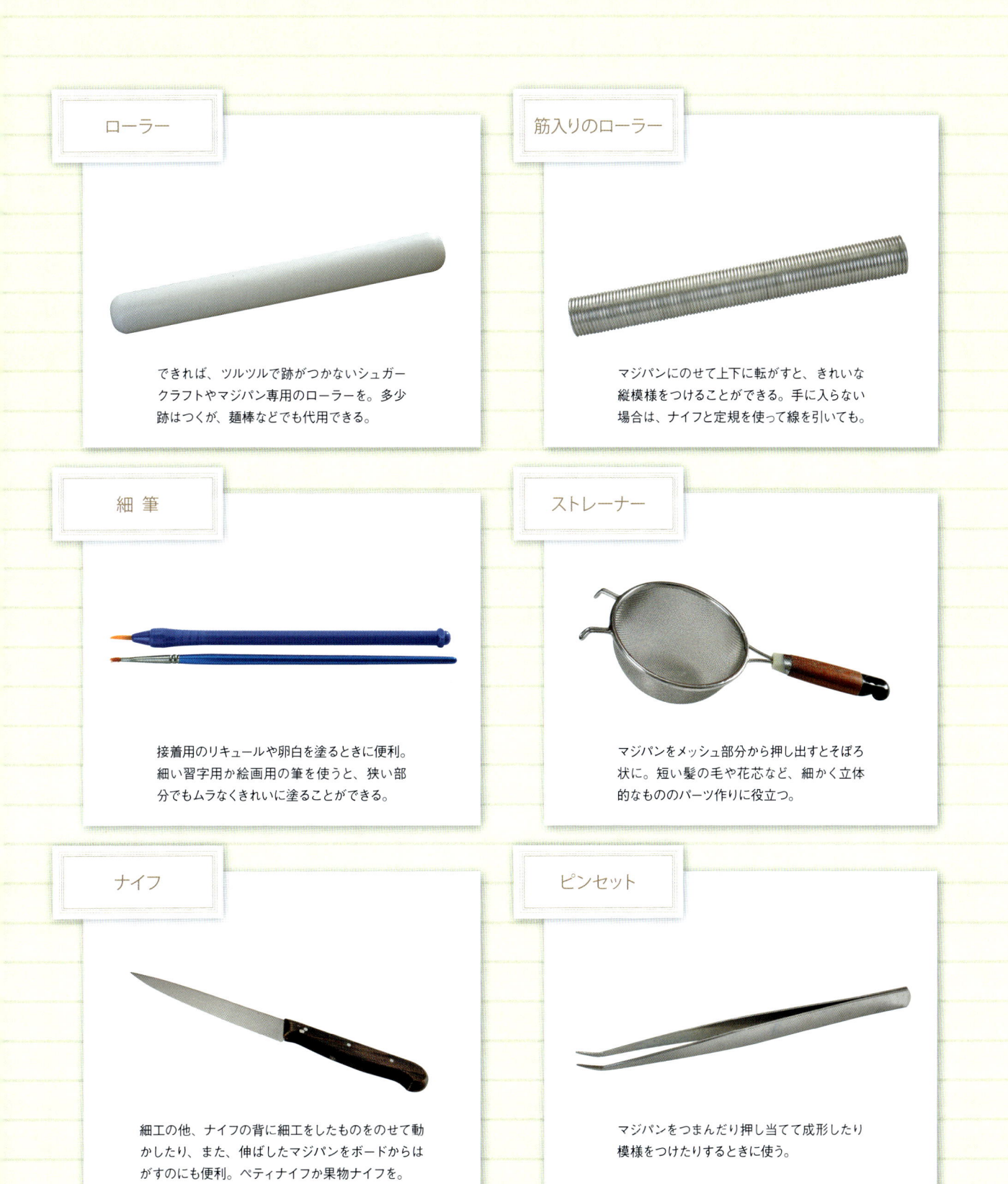

ローラー

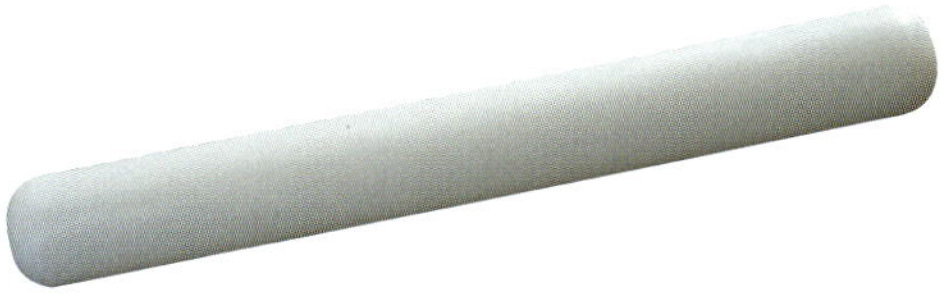

できれば、ツルツルで跡がつかないシュガークラフトやマジパン専用のローラーを。多少跡はつくが、麺棒などでも代用できる。

筋入りのローラー

マジパンにのせて上下に転がすと、きれいな縦模様をつけることができる。手に入らない場合は、ナイフと定規を使って線を引いても。

細 筆

接着用のリキュールや卵白を塗るときに便利。細い習字用か絵画用の筆を使うと、狭い部分でもムラなくきれいに塗ることができる。

ストレーナー

マジパンをメッシュ部分から押し出すとそぼろ状に。短い髪の毛や花芯など、細かく立体的なもののパーツ作りに役立つ。

ナイフ

細工の他、ナイフの背に細工をしたものをのせて動かしたり、また、伸ばしたマジパンをボードからはがすのにも便利。ペティナイフか果物ナイフを。

ピンセット

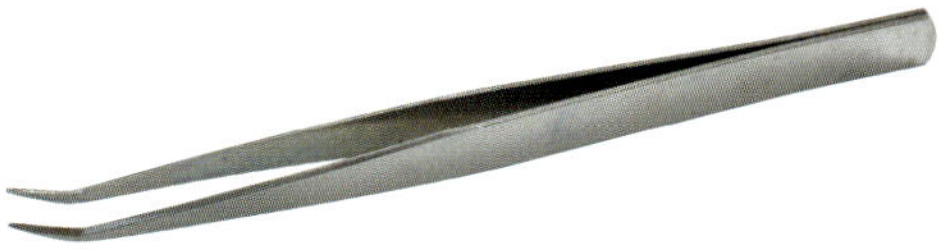

マジパンをつまんだり押し当てて成形したり模様をつけたりするときに使う。

コルネ

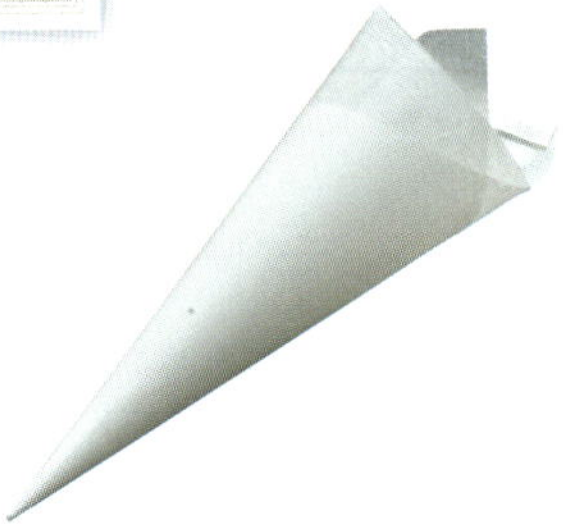

作り方は118ページ参照。中にアイシングやチョコレートを入れて絞り出し、目や眉など細かい部分を描く。先端を切り過ぎないように注意。

抜き型・プランジャー付き抜き型

プランジャー付きの専用の抜き型（写真右）の他、クッキー用のものも利用して。口の部分に粉糖をつけて抜くと、マジパンが扱いやすい。

型 紙

建物を作るときはあらかじめ型紙を作り、パーツを正確に切って組み立てると、隙間ができず丈夫に美しく仕上がる。

ガーリックプレス

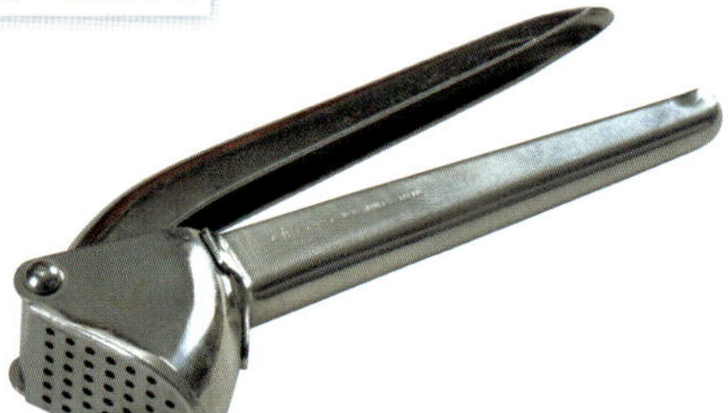

髪の毛など、細く長いパーツを作りたいときに活躍。マジパンを入れて押すと細いひも状に出てくるので、ナイフの刃先で切り取る。

スムーザー

土台にかぶせたマジパン上部の表面をかるくなでると、美しくなめらかな仕上がりに。なければ、表面にローラーを転がすだけでもOK。

ピザカッター

こうした家にあるグッズも利用しても。土台にかぶせたマジパンの端を切り取る際、一気になめらかに作業できるので便利。

マジパン細工の保存法

マジパン細工を保存する際は、製菓材料専門店で購入できる円柱形の透明プラスチックケースに入れておくと、ホコリがつかず、多少劣化を防ぐことができます。できるだけ日の当らない涼しい場所で保存しますが、基本的には食べ物なので、あまり長期保存できないことも覚えておきましょう。

Frau
Freun
din
LOTTO

髙山　厚子　ウィーン菓子研究家

東京都出身
フェリス女学院　音楽科卒
ウィーンガストロノーミッシェインスティテュートにて　ボルフガング・カルプヘン氏にウィーン菓子を師事する
スイス　バーゼルにおいて、カール・シルマン氏にマジパン細工を師事する
ドイツ　バインダースハイム、コピーフォルム社及び　ミュンヘン、スィーツアートにおいてシュガーアートクラフト、
及びマジパン細工コース修了
その他、ドイツ カンデルン、デュッセルドルフにおいて、研鑽を積む。
現在　日墺文化協会（www.j-austria.com）「ウィーンのお菓子教室」講師
問い合わせ　日墺文化協会　TEL03-3271-3966

マジパン

― 5cm の舞台のウィーンの物語 ―

発行日　2013 年 7 月 31 日　初版発行

著　者　髙山厚子　Atsuko Takayama
発行人　早嶋　茂
制作者　永瀬正人
発行所　株式会社旭屋出版
　　　　東京都港区赤坂 1-7-19 キャピタル赤坂ビル 8 階　〒 107-0052
　　　　電話　03-3560-9065（販売）
　　　　　　　03-3560-9066（編集）
　　　　FAX　03-3560-9071（販売）
　　　　旭屋出版ホームページ　http://www.asahiya-jp.com
　　　　郵便振替　00150-1-19572

撮　影／中島劭一郎

デザイン／吉野晶子
編集・取材／井上久尚　鈴木絢乃　関　由都子

印刷・製本　凸版印刷株式会社
ISBN978-4-7511-1039-3　C 2077

定価はカバーに表示してあります。
落丁本、乱丁本はお取り替えします。